Die Deutsche Bibliothek - CIP-Einheitsaufnahme

Das **große Kinderkochbuch** /
Ida Bohatta ; Dagmar von Cramm.
[Red.: Ute Löwenberg]. - München : Ars-Ed., 2000
ISBN 3-7607-1301-7

Nach den Regeln der neuen Rechtschreibung

Gestaltung und Vignetten-Illustration: Eva Schindler
Redaktion: Ute Löwenberg
Printed in Spain
ISBN 3-7607-1301-7

Ida Bohatta

Dagmar von Cramm

Das große Kinderkochbuch

arsEdition

Inhaltsverzeichnis

Frühling

Sommer

»Wie machst du's, dass es so gut schmeckt?«
»Ich schmecke nach Gewicht und Maß
Kakao, Vanille, Zimt, Gewürz
genau wie ichs im Kochbuch las.«
»Doch schmeckt noch etwas außerdem
so stark und doch so zart und fein.
Ich habs! Du rührst die Lieb' hinein.«

Herbst

Winter

Tipps für kleine Kochkünstler

**Messer, Gabel, Scher' und Licht
sind für kleine Kinder ... doch!**

Eines ist klar: Wenn du kochen willst, dann musst du auch einmal etwas klein schneiden. Oder in einem heißen Topf rühren. Das gehört einfach zum Kochen dazu! Doch wenn du ganz von Anfang an lernst, wie es richtig gemacht wird und worauf du besonders Acht geben musst, dann wird Dir auch nichts passieren.

Außerdem bin ich sicher, du hast einen richtig großen Kochkönner, der dir hilft. Denn ganz alleine kannst du die Rezepte in diesem Buch erst machen, wenn du 10 Jahre oder älter bist. Der große Koch verrät dir bestimmt noch ein bisschen mehr über die gute Küche, als in dieses Buch passt. Außerdem macht zusammen kochen einfach mehr Spaß, als alleine in der Küche zu stehen.

Die elf Regeln für kleine Köche

1. Vor dem Kochen Hände waschen nicht vergessen!

2. Hast du eine Schürze? Sonst binde dir ein Geschirrtuch vor den Bauch. Oder zieh ein altes Oberhemd vom Papi über. Hast du lange Haare, mach dir am besten einen Zopf. Sonst finden deine hungrigen Gäste ein Haar in der Suppe!

3. **Wenn du etwas kochen möchtest, lies das Rezept erst ganz gründlich durch – auch, wenns schwer fällt.**

4. Lege dir schon alle Zutaten zurecht und besorge, was dir fehlt. Das gilt auch für die Geräte, die du brauchst, wie Waage, Löffel, Sieb, Topf oder Handrührgerät.

5. Das Wichtigste sind Topflappen oder -handschuhe, damit du dich nicht verbrennst.

6. Auch heißer Dampf kann verbrennen! Halte deshalb nie deine Arme oder deinen Kopf direkt über den kochenden Topf! Sei vorsichtig mit heißem Fett – es könnte spritzen!

7. Hast du eine Eieruhr oder eine Stoppuhr? Die ist wichtig, damit du die richtigen Garzeiten einstellen kannst. Sonst brennt dir womöglich etwas an!

8. Mache nie etwas anderes nebenher – sonst kann ganz schnell ein Rezept misslingen.

9. Die meisten Rezepte sind für 4 Personen mit normalem Appetit.

10. Versuche immer, möglichst wenig Geschirr schmutzig zu machen. Spüle zwischendrin immer wieder mal ab. Und hinterlasse die Küche blitzeblank – sonst gibt es Ärger!

11. **Hast du den Herd abgeschaltet? Guck lieber noch mal nach!**

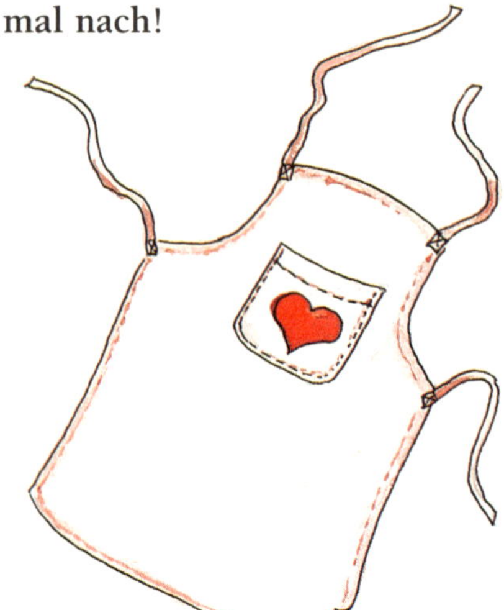

Vom Schälen, Schneiden, Reiben, Raspeln ...

Wasche Gemüse und Obst vor dem Schälen und Putzen – du weißt nie, woher es kommt. Dann in einem Sieb abtropfen lassen. Für den Abfall stellst du dir eine Plastikschüssel zurecht. Das Wichtigste: **Arbeite immer auf einem großen Brettchen.** Dann geht nichts daneben.

Gurken oder Kartoffeln schälst du am besten mit einem Sparschäler oder Spargelschäler. Du kannst sie dazu auch aufs Brettchen legen. Zwiebeln und Knoblauch kannst du mit einem kleinen Küchenmesser schälen – gekochte Kartoffeln pellst du auch damit.

Wenn du eine Gurke oder eine Möhre in Scheiben oder große Würfel schneiden willst, brauchst du ein Küchenmesser. **Achte darauf, dass es scharf ist** – mit stumpfen Messern kann man sich viel eher verletzen.

Tomaten schneidest du am besten mit einem fein geraffelten Tomatenmesser – es schneidet wie eine Säge und zerquetscht die Tomate nicht.

Zwiebeln schneidest du nach dem Schälen mit einem scharfen Küchenmesser in Hälften. Jede Hälfte legst du auf die Schnittfläche und schneidest sie in Scheiben – aber nur bis zum Wurzelansatz hin, damit die Zwiebel nicht auseinander fällt. Dann kannst du quer dazu die Würfel schneiden. Soll die Zwiebel feiner sein, kannst du die Würfel mit einem Wiegemesser oder einem Zwiebelhacker noch feiner hacken.

Knoblauch zerdrückst du am besten mit einer Knoblauchpresse. Hast du keine, nimmst du das Wiegemesser oder den Zwiebelhacker.

Kräuter kriegst du am besten mit einem Wiegemesser klein. Zupfe die Blätter von den Stielen, lege sie auf einen Haufen und wiege kreuz und quer darüber. Es geht besonders gut, wenn die Kräuter vom Waschen noch etwas nass sind.

Willst du feine Raspel oder Streifen haben, nimmst du eine Gemüsereibe. Am besten die viereckigen, hohen. **Aber Vorsicht, Finger!** Reibe die Möhren nicht bis zum Ende, sondern nimm lieber eine mehr und knabber die Enden selber. (Vielleicht kann dir dein großer Küchenhelfer ja Möhren oder Gurken in der Küchenmaschine raspeln.)

Nüsse kannst du mit einem Wiegemesser grob hacken. Sollen sie fein gerieben werden, brauchst du eine Nussmühle. Vielleicht findest du ja eine von deiner Großmutter?

Willst du weiche Sachen klein kriegen, kannst du auch den Pürierstab nehmen. Sei vorsichtig damit und lass dir helfen – er hat nämlich ein scharfes Schneidemesser. **Wichtig:** Nimm eine hohe, enge Rührschüssel, damit hinterher nicht die ganze Küche von Püree überzogen ist ...

Tipps für kleine Zuckerbäcker

Backe, backe Kuchen,
der Bäcker hat gerufen!
Wer will guten Kuchen backen,
der muss haben sieben Sachen ...

Die wichtigsten Backzutaten kennst du schon aus dem alten Lied: Eier, Fett, Mehl, Milch und eine Prise Salz. Safran ist ein feines, gelbes Gewürz, das nicht unbedingt in jeden Kuchen muss. Aber eines darf nicht fehlen, wenn das Backwerk süß werden soll: Zucker! Sicher gibt es eine Menge Zutaten, die du noch in einen Kuchen tun kannst: Obst, Nüsse, Rosinen, Vanille, Zimt oder Honig, Hefe oder Backpulver (damit er schön hochgeht). Du kannst natürlich auch salzige Sachen backen mit Käse und Schinken und Kräutern. Hast du alles? Dann kann es losgehen!

Das richtige Maß

Flüssigkeiten misst du am besten mit einem Messbecher ab. Der ist meist in ml, das heißt Milliliter, eingeteilt. Milli heißt auf Lateinisch tausend.

1 l (Liter)		= 1000 ml
1/2 l	= 0,5 l	= 500 ml
1/4 l	= 0,25 l	= 250 ml
1/5 l	= 0,2 l	= 200 ml
1/8 l	= 0,125 l	= 125 ml

Wenn du keinen Messbecher hast, kannst du auch eine Babyflasche nehmen. Die ist auch in Milliliter eingeteilt und hat meist Platz für 1/4 Liter. Manche Gläser haben einen kleinen Strich am Rand, bei dem das Maß steht, z. B. 0,2 – die kannst du auch nehmen.

Das richtige Gewicht

Feste Sachen musst du wiegen – dazu gibt es eine Waage. Und zwar nicht die Personenwaage im Badezimmer – die wiegt nur schwere Dinge genau. Sondern eine kleine Haushaltswaage. Die wiegt in Gramm.

1 kg (Kilogramm) = 1000 g (Gramm)

Pass auf, dass du die Schüssel nicht mitwiegst, sondern nur das Mehl, den Zucker oder die Butter, die du hineintust.

Übrigens: Zur Not kann man mit Messbechern auch feste Dinge wie Mehl, Reis oder Zucker abmessen. Aber das ist ein bisschen ungenau.

Backtemperatur

Was für einen Backofen hast du zu Hause? In unseren Rezepten ist die Temperatur immer für einen ganz normalen Elektro-Backofen angegeben. Aber es gibt ja auch Gasherde. Meistens haben deren Stufen eine bestimmte Temperatur. Aber frage sicherheitshalber deine Eltern – vielleicht sind die Stufen bei euch anders eingeteilt. Schließlich gibt es auch noch Umluftherde. Die backen etwas heißer – du musst sie kühler einstellen. Hier hast du eine Umrechungstabelle:

Elektroherd	Gasherd	Umluftherd
160 Grad	Stufe 1	150 Grad
180 Grad	Stufe 2	160 Grad
200 Grad	Stufe 3	170 Grad
220 Grad	Stufe 4	180 Grad

Wenn du Eigelb von Eiweiß trennen musst

Bei manchen Rezepten wird Eischnee gebraucht. Dazu musst du die Eier trennen. Denn Eiweiß lässt sich nur zu Schnee schlagen, wenn es kein Fett enthält. Eigelb besteht aber zum Teil aus Fett. Du musst also sauber trennen: Schlage das Ei vorsichtig an einem Wasserglas auf, breche die beiden Hälften auseinander und behalte das Eigelb in einer Hälfte: Das Eiweiß landet im Glas. Von da aus kannst du es in die blitzsaubere, hohe Rührschüssel umfüllen. Beim Schlagen hilft ein Tröpfchen Zitronensaft – nimm das elektrische Handrührgerät! Gibt es bei dir eher Eierschalenmatsch, besorge einen Eiertrenner, den du am Rand der Rührschüssel einhängst. Und nimm nur frische Eier – die lassen sich am besten trennen und der Eischnee wird schön fest!

Wie du die Backform vorbereitest

Schau dir die Backform erst einmal an: Am besten kannst du mit beschichteten Formen backen. Weißblech klebt leider meistens. In jedem Fall musst du die Form einfetten: Pinsele am besten mit weicher Butter oder Margarine schön dick die Formen aus – die Ecken nicht vergessen! Wenn es im Rezept angegeben ist, danach Semmelbrösel oder geriebene Nüsse hineinstreuen, bis die Form damit rundum bedeckt ist.

Wie du das Backblech vorbereitest

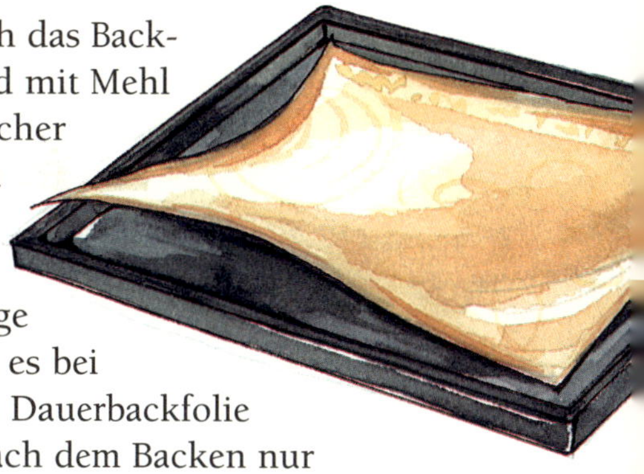

Früher hat man auch das Backblech eingefettet und mit Mehl bestäubt. Aber einfacher ist es, Backpapier zu nehmen: Schneide es zu und lege das Papier auf die richtige Seite! Vielleicht gibt es bei dir zu Hause auch Dauerbackfolie – die brauchst du nach dem Backen nur abzuwischen.

Wenn der Teig zu weich ist …

… dann gibst du noch etwas Mehl dazu. Ist er zu fest, dann einen Löffel kaltes Wasser. Manchmal hilft es auch, festen Teig in der Küche wärmer und weichen Teig im Kühlschrank fester werden zu lassen.

Wie du den Teig am besten ausrollst

Wisch die Arbeitsfläche erst einmal blitzsauber. Dann streust du Mehl darüber. Die Teigrolle musst du auch tüchtig einmehlen. Und dann den Teig mit Mehl bestäuben und ausrollen. Immer wenn er beginnt zu kleben, etwas Mehl nachstreuen.

IBM

Frühling

Wenn es langsam wärmer wird und der Schnee verschwunden ist, dann zeigen sich die ersten grünen Spitzen. Was kannst du zuerst ernten? Kräuter natürlich: Kresse, Schnittlauch, Petersilie im Garten. Und auf der Wiese Sauerampfer, Löwenzahn, Gänseblümchen oder Brennnesselspitzen.

Bis das erste Gemüse so weit ist, musst du ein wenig Geduld haben. Es beginnt mit Salat, dann gibt es Radieschen, Spinat, junge Möhren, Kohlrabi und Frühlingszwiebeln.

Und das Obst? Na ja – Äpfel gibt es immer. Und Zitrusfrüchte haben noch Saison. Aber bei uns gibt es allerhöchstens frischen Rhabarber. Hast du jetzt auch Heißhunger auf frische Sachen – wie die kleinen Schwalben? Frühlingsfrische Rezepte findest du in diesem Kapitel reichlich. Und dazu noch allerlei Osterknabberei!

Das brauchst du für das Wunderbrot:

500 g Mehl (am besten Dinkelvollkornmehl)
1 Würfel frische Hefe
1 TL Zucker
200 ml lauwarmes Wasser
eine mittelgroße Kastenform
etwas Butter oder Margarine für die Form
75 g Kürbiskerne (oder Sonnenblumenkerne)
1 Möhre
1 EL Salz

Heinzels Wunderbrot

Dieses Brot macht nicht nur Mäusekinder wunderbar satt und zufrieden.
Es sind nämlich lauter gute Sachen drin.

So wirds gemacht:
Das Mehl in eine große Schüssel geben und in die Mitte eine Kuhle machen. Die Hefe mit den Fingern zerbröseln, in einer Tasse mit dem Zucker und der Hälfte des lauwarmen Wassers auflösen. Diese Flüssigkeit in die Kuhle gießen und vom Rand etwas Mehl hineinrühren.

In der Küche 15 Minuten gehen lassen.

Inzwischen die Kastenform mit Butter oder Margarine fetten. Die Form mit 2 EL Kürbiskernen ausstreuen.

Danach das Mehl samt Vorteig mit dem restlichen Wasser zu einem Teig kneten, bis er nicht mehr klebt. (Das geht am besten mit den Knethaken des Handrührgerätes.)

Die Schüssel mit dem Küchentuch bedecken und an einem warmen Ort etwa 45 Minuten gehen lassen, bis der Teig sich zu doppelter Größe aufgeplustert hat.

Inzwischen die Möhre waschen, schälen und auf einer Reibe raspeln. Das Salz, die geraspelte Möhre und die Kürbiskerne unter den Teig kneten.

Den Teig in die Form geben und in den kalten Ofen schieben. Den Ofen auf 180 Grad (Umluftherd 160 Grad) einstellen. Wenn die Temperatur erreicht ist (das Lämpchen geht dann aus), muss das Brot noch 1 Stunde backen.

Dann bis 100 zählen und aus der Form stürzen.

Und probieren – am besten mit Butter und Honig!

Wenn der Teig geht ...

... dann geht er natürlich nicht spazieren – er geht auf! Und damit das auch klappt, musst du ihn behandeln wie ein Mäusebaby: keine Kälte, kein Wind, sondern nur Ruhe und Wärme. Der Grund: In der Hefe sind klitzekleine Lebewesen, die Kohlensäure erzeugen, wenn sie Nahrung wie Mehl und Zucker bekommen. Diese Kohlensäure ist einfach Luft und plustert den Teig auf. Das siehst du genau, wenn das Brot fertig gebacken ist: Lauter kleine Luftkämmerchen machen das Brot schön locker!

Frischer Pfefferminzpunsch

Frische Kräuter sind im Frühjahr das Erste, was wächst. Probier doch mal, wie frischer Kräutertee schmeckt!

Das brauchst du für 4 Gläser Punsch:

1/2 l Wasser
1 Bund Pfefferminze
1–2 grüne Kardamomkerne (wenn welche da sind)
1–2 EL Honig
1/4 l Apfelsaft

So wirds gemacht:
Das Wasser zum Kochen bringen.

Inzwischen die Kräuter kurz waschen und trocken schütteln, mit dem Kardamom in eine Kanne legen.

Das kochende Wasser auf diese Mischung gießen und 5 Minuten ziehen lassen.

Den Tee durch ein Sieb in eine Kanne gießen und den Honig darin auflösen. Jetzt den Apfelsaft zugeben und schon hat der Punsch die richtige Trinktemperatur! Er schmeckt aber auch ganz kalt.

Übrigens: Aufwärmen kann man ihn auch.

Für Kräuterhexen

Hast du Lust auf Kräuterschnüffeln? Dann nimm ein Pfefferminzblättchen zwischen die Finger, zerreibe es, mache die Augen zu und rieche daran – hmmm. Was du riechst, ist Pfefferminzöl. Es hilft bei Kopfschmerzen, vertreibt die Frühjahrsmüdigkeit und macht einen frischen Atem. Toll, was?

Mi-Ma-Mäuseschnitten

Hier brauchst du einen Bratenwender und eine Fleischgabel, damit du die Schnitten in der Pfanne wenden kannst.

Das brauchst du für 4 Portionen:

2 Eier
4–5 EL Milch
Salz und Pfeffer
1 EL Butter oder Butterschmalz
4 Scheiben Toastbrot
8 TL geriebener Parmesan

So wirds gemacht:
In einem großen, tiefen Teller die Eier mit der Milch, etwas Salz und Pfeffer mit der Gabel schlagen, 4 TL Parmesan zugeben.

Etwas Fett in einer beschichteten Pfanne erhitzen.

Jeden Toast in der Eimischung wenden, bis er sich vollgesaugt hat. Dann in die heiße Pfanne

geben und bei mittlerer Hitze einige Minuten anbraten, bis er goldbraun wird.

Den Toast wenden und mit je 1 TL Parmesan bestreuen.

Die Pfanne mit einem Deckel verschließen und die Schnitten fertig braten, bis der Käse schön verlaufen ist.

Für süße Mäuse

Vielleicht hast du schon mal von »Armen Rittern« gehört. Das ist die süße Variante unserer Mi-Ma-Mäuseschnitte. Dazu lässt du den Parmesan weg und wendest den Toast nur in Eiermilch. Wenn du willst, kannst du ihn dann noch in Semmelbröseln wenden. Nach dem Backen kommt dann mit etwas Zimt vermischter Zucker darüber. Und Apfelmus oder Kompott dazu.

Das brauchst du für 4 Portionen:

1 Bund Möhren
2–3 Frühlingszwiebeln
1 TL Butter oder Margarine
1/2 Tasse Orangensaft
1/2 TL Salz, Pfeffer
1 TL Tomatenmark
250 g Bandnudeln
100 g magerer gekochter Schinken
1/2 Tasse süße Sahne

Häschens Nudelglück

Vielleicht magst du Nudeln auch mal auf Häschenart?
Mit Mohrrüben und Rahm? Ausnahmsweise darfst du noch Schinken dazutun...
auch wenn Hasen ja eigentlich Vegetarier sind.

So wirds gemacht:
Das Grün von den Möhren abschneiden, die Möhren waschen und mit einem Kartoffelschäler schälen. Dann auf dem Brettchen in möglichst dünne Scheiben schneiden.

Die Zwiebeln waschen, die Wurzelhaare und welken Blattenden abschneiden und die Zwiebeln ebenso in dünne Scheiben schneiden.

Möhren- und Zwiebelscheiben in einem mittleren Topf im Fett andünsten, dabei umrühren. Wenn das Gemüse beginnt anzusetzen, den Saft zugeben, 1/2 TL Salz, eine Prise Pfeffer und das Tomatenmark zufügen.

Den Deckel auflegen und das Gemüse ungefähr eine Viertelstunde bei kleiner Hitze dünsten.

Inzwischen in einem Topf 2 Liter Wasser mit 3 TL Salz zum Kochen bringen.

Die Nudeln zufügen und so lange kochen, wie auf der Packung angegeben ist (meist 10–15 Minuten).

Nun den Schinken in kleine Würfel schneiden. Sind die Möhren weich, den Schinken und die Sahne zufügen. Einmal aufkochen lassen und abschmecken.

Dann ein Sieb in das Spülbecken stellen. Die Nudeln samt Wasser hineingießen. Mit heißem Wasser kurz abbrausen, abtropfen lassen.

Nudeln mit den Sahnemöhren mischen und in eine Schüssel füllen, die Hasenfamilie zusammenrufen, fertig!

Nudeln machen (nicht nur Hasen) glücklich

Forscher haben tatsächlich herausgefunden, dass ein Speiseplan, der vor allem Getreide – also auch Nudeln – Obst, Gemüse und Kartoffeln enthält, zu besserer Stimmung führt.

Knabbergemüse mit Dippequark

Hier darfst du endlich wieder mal mit den Pfötchen essen – wie Vater Hase!

Das brauchst du für 4 Portionen:

1 Pck. Sahnequark
1 Becher Joghurt
1 Frühlingszwiebel
1 Bund Schnittlauch
Salz und Pfeffer
etwas Zitronensaft
1 Bund junge Möhren
1 Salatgurke

So wirds gemacht:
Quark und Joghurt in einer Schüssel verrühren. Die Frühlingszwiebel waschen und putzen. Dabei die welken Spitzen und die Wurzel abschneiden und die Zwiebel in dünne Scheiben schneiden. Den Schnittlauch ebenfalls waschen und mit der Küchenschere in Röllchen schneiden. Zwiebel und Schnittlauch unter den Quark mischen und mit Salz, Pfeffer und etwas Zitronensaft abschmecken.

Die Möhren waschen und falls nötig schälen, das Grün so abschneiden, dass ein kleiner Stummel zum Festhalten bleibt. Die Gurke waschen und in fingerdicke Scheiben schneiden. Gurkentaler und Möhren mit dem Dippequark auftischen.

Dazu passen Brötchen oder Laugenbrezeln.

Tipp

Du kannst natürlich auch andere rohe Sachen zum Dippen nehmen: Paprikastreifen, Selleriestangen, knackige Salatblätter wie Chicorée und Kohlrabiknollen in Scheiben. Das macht dich topfit, denn in rohem Gemüse sind alle wertvollen Substanzen noch voll drin!

Familie Hoppels Sonntagssüppchen

Magst du Rahmspinat? Dann ist diese Suppe bestimmt das Richtige für dich. Und sie geht ganz schnell.

Das brauchst du für 4 Portionen:

3–4 altbackene Brotscheiben
1/2 l Gemüsebrühe
1 Pck. Tiefkühl-Rahmspinat (300 g)
1 Becher Sahne
4–5 EL blütenzarte Haferflocken
Muskat
Salz, Pfeffer
3–4 EL Butter
2 hart gekochte Eier

So wirds gemacht:
Das Brot in kleine Würfel schneiden.

1/2 l Wasser mit 2 EL gekörnter Instant-Gemüsebrühe aus dem Glas zum Kochen bringen. Den tiefgefrorenen Rahmspinat zugeben. So lange erhitzen, bis der Spinat aufgetaut ist und einmal aufkocht.

Die Sahne steif schlagen und unter die Suppe ziehen. Mit Salz, Pfeffer und Muskat würzig abschmecken.

Die Brotstückchen in der geschmolzenen Butter in einer Pfanne knusprig rösten: So heißen sie dann Croutons. Die Eier pellen und grob hacken.

Die Sonntagssuppe mit Ei und Croutons auftischen.

Spinat macht stark

Frischer Spinat sieht fast aus wie Salat und schmeckt ohne Rahm ganz schön kräftig. Aber er hat eine Menge Vitamine und auch relativ viel Eisen. Das macht dich fit. Und mit Sahne und Rahm schmeckt er ganz mild und gut.

Das brauchst du für einen Zopf:

500 g Mehl
1 Beutel Trockenhefe
75 g Zucker
1/4 l Milch
75 g Butter oder Margarine
2 Eier
1 Prise Salz
abgeriebene Schale von 1/2 Zitrone
50 g Rosinen
100 g getrocknete Aprikosen
100 g Mandelstifte
zum Bepinseln: 1 Eigelb und 2 EL Milch

Opa Langohrs süßer Zopf

Dieses süße Brot wird auch mit Hefe gebacken wie das Wunderbrot. Diesesmal nehmen wir getrocknete Hefe. Das geht schneller.

So wirds gemacht:
Das Mehl in einer Schüssel mit der Trockenhefe und dem Zucker vermischen. Die Hälfte Milch erwärmen, das Fett darin schmelzen lassen und die Eier hineingeben. Diesen lauwarmen Mix zum Mehl geben und am besten mit der Küchenmaschine zu einem Teig verkneten. Wenn der Teig zu fest ist, nach und nach die übrige lauwarme Milch zugeben.

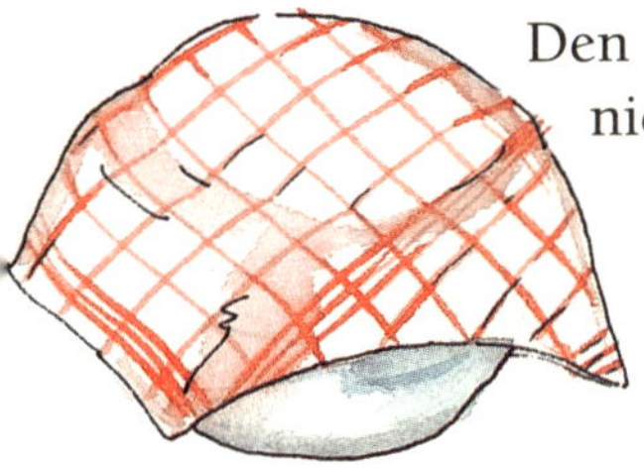

Den Teig so lange bearbeiten, bis er nicht mehr klebt. Zu einer Kugel formen, mit Mehl bestäuben, locker abdecken und an einem warmen Ort eine halbe Stunde gehen lassen.

In der Zwischenzeit die Rosinen mit warmem Wasser mehrmals waschen und auf einem Sieb abtropfen lassen. Die Aprikosen in kleine Würfel schneiden. Beides mit Salz und Zitronenschale unter den Teig ziehen und nochmals 1/2 Stunde gehen lassen.

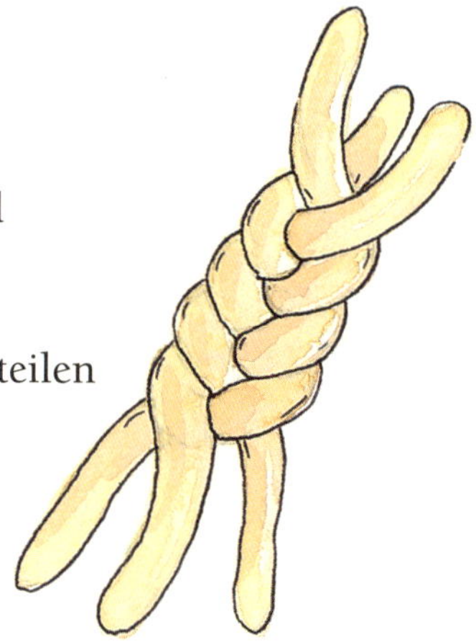

Den Backofen auf 200 Grad vorheizen.

Den Teig in drei Portionen teilen und auf etwas Mehl zu drei 30 cm langen Strängen rollen. Aus den Teigsträngen einen Zopf flechten und ihn auf das gefettete oder mit Backpapier belegte Blech legen. Nochmals etwa 30 Minuten gehen lassen.

Das Eigelb mit der Milch schlagen und den Zopf damit bestreichen. Im heißen Ofen in 35 Minuten goldgelb backen.

Tipp

Zu Ostern kannst du den Zopf zu einem Kranz formen – er wird beim Backen zum Nest. Da hinein kannst du dann Ostereier fürs Frühstück legen.

Das brauchst du für etwa 2 Backbleche:

300 g Mehl
120 g feiner Zucker
1 Prise Salz
200 g weiche Butter
5 gekochte Eigelb
1 Prise Zimtpulver
Außerdem:
Backpapier für die Bleche
Mehl für die Arbeitsfläche
Ausstecher in Ostermotiven
1 Eigelb zum Bestreichen
Mandelhälften, Zuckerperlen usw. zum Verzieren

Mutter Hases Naschplätzchen

Von diesem Teig wird dir garantiert nicht schlecht, wenn du naschst.
Deshalb machst du am besten eine große Portion!

So wirds gemacht:
Das Mehl mit dem Zucker, dem Salz und der Butter in kleinen Stückchen verkneten. Die gekochten Eigelbe durch ein feines Sieb streichen, mit dem Zimt unter den Teig kneten. Den Teig zugedeckt möglichst 1 Stunde im Kühlen stehen lassen.

Den Backofen auf 200 Grad vorheizen und die Bleche mit Backpapier auslegen.

Den Teig auf einer bemehlten Arbeitsfläche etwa 1/2 cm dick ausrollen.

Motive ausstechen und auf die vorbereiteten Bleche setzen.

Das Eigelb mit etwas Wasser verrühren, die Kekse damit einpinseln.

Nach Belieben mit Zuckerperlen, Mandelstiften und ähnlichen Dekomaterialien verzieren.

Warum rohe Eier nicht immer gesund sind

In rohen Eiern leben oft Bakterien, die in der Wärme beim Kneten und Rollen immer mehr werden. Das sind winzige, unsichtbare Tierchen, die einen krank machen können, wenn man zu viel davon verschluckt. Sie werden aber unschädlich, wenn die Eier gekocht sind. In diesem Teig werden keine rohen Eier, sondern nur gekochte Eigelbe verarbeitet. Du kannst also nach Herzenslust von dem Teig naschen! Außerdem ist er eine Superverwertung für Ostereier!

Zwischen Berg und tiefem Tal
saßen einst zwei Hasen,
fraßen ab das grüne Gras
bis auf den Rasen.

Als sie satt gefressen waren,
setzten sie sich nieder,
bis dass der Jäger kam
und schoss sie nieder.

Als sie sich gesammelt hatten
und sich dann besannen,
dass sie noch am Leben waren,
liefen sie von dannen.

Rüblikuchen

Das brauchst du für eine Springform ø 26 cm:

5 Eier
250 g Zucker
Abgeriebene Schale von einer halben Zitrone
2 EL Orangensaft
2 EL Zitronensaft
200 g gemahlene Haselnüsse
250 g fein geraspelte junge Möhrchen
150 g Dinkelvollkornmehl (notfalls geht auch weißes Mehl)
1 TL Backpulver
1 Prise Salz
Butter zum Einfetten der Form
Semmelbrösel

Das brauchst du für den Guss:

4–5 EL Aprikosenkonfitüre
200 g Puderzucker
1–2 EL Zitronensaft
Marzipanmöhrchen zum Garnieren

So wirds gemacht:

Den Backofen auf 180 Grad vorheizen. Die Springform gut ausfetten und mit Semmelbröseln ausstreuen.

Die Eier trennen und die Eiweiße in den Kühlschrank stellen.

Die Eigelbe mit dem Zucker in einer Schüssel schaumig rühren – am besten mit dem Handrührgerät.

Zitronenschale und Saft, Nüsse und die geraspelten Möhren mit der Eigelbmasse mischen.

Das Mehl mit dem Backpulver mischen und unter den Teig rühren.

Die Eiweiße mit einer Prise Salz mit dem Handrührgerät sehr steif schlagen und vorsichtig unter den Teig heben.

Den Teig in die Form füllen, glatt streichen und im heißen Backofen 50–60 Minuten backen.

Den Kuchen rasten lassen, dann aus der Form nehmen. Die Konfitüre mit 1 TL Wasser verrühren und auf den warmen Kuchen pinseln, kalt werden lassen.

Den Puderzucker nach und nach mit dem Zitronensaft verrühren und diese Masse auf die verstrichene Konfitüre verteilen. Mit den Möhrchen garnieren.

Tipp

Wenn dir der Guss zu viel Arbeit macht, streust du einfach Puderzucker über den Kuchen!

Das brauchst du für etwa 40 Stückchen:

60 g Walnusskerne
150 g Nussnougat
100 g Vollmilchkuvertüre
100 g Zartbitter-Kuvertüre
Außerdem:
40–45 Konfekthülsen aus Metall
oder Hasenförmchen
Zuckerperlen, gehackte Nüsse oder Mandeln zum Verzieren

Eiskonfekt aus der Hasenküche

Eiskonfekt heißt so, weil es aus dem Eis, also im Kühlschrank gekühlt, am besten schmeckt.

So wirds gemacht:
Die Nüsse fein mahlen und in einer Pfanne ohne Fett rösten, bis sie duften. Sofort aus der Pfanne nehmen und abkühlen lassen.

Das Nussnougat und die Kuvertüre grob hacken und zusammen im heißen Wasserbad schmelzen.

Die Masse aus dem Wasserbad nehmen und die gerösteten Nüsse gut untermischen.

Die Konfekthülsen auf einem Tablett oder der Arbeitsfläche verteilen.

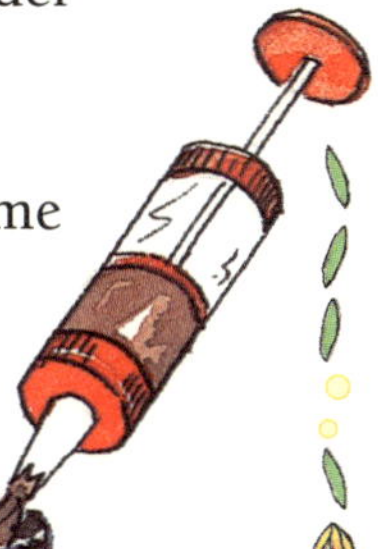

Wenn die Schokoladenmasse auf Handwärme abgekühlt ist, diese in den Spritzbeutel oder die Gebäckspritze füllen.

Die Schokomasse in die Konfekthülsen spritzen und mit Zuckerperlen, gehackten Nüssen oder Mandeln verzieren und im Kühlschrank fest werden lassen.

Scherzeier

Sicher kennst du die weißen Hühnereier, die innen drin mit Schokolade gefüllt sind. Die kannst du einfach selber machen: Blase ein Ei aus, spüle mit warmem Wasser nach und lasse es gut trocknen. Nun klebst du das kleinere Loch von außen mit Leukoplast zu und stellst das Ei in einen Eierkarton. Nimm einen Gefrierbeutel, schneide eine Spitze ganz knapp ab und stecke ihn vorsichtig in das obere Loch. Nun füllst du nach und nach die flüssige Schokolade in den Beutel, bis das Ei voll ist. Kalt stellen und unbemerkt unter die Frühstückseier mogeln. Oder bemalen und verschenken!

Tipp

Vor allem Schokolade wirds beim Schmelzen schnell zu heiß. Deshalb musst du sie schonend im Wasserbad erwärmen. Dafür bringst du in einem Topf nur so viel Wasser zum Sieden, dass eine Schüssel drin stehen kann, ohne dass Wasser hineinläuft. In dieser Schüssel lässt du dann langsam die Schokolade schmelzen.

Das brauchst du für 4 Portionen Honigwaffeln:

200 g Mehl
3 Eier
1 EL Öl
4 EL Honig
250 ml Milch
1 Prise Salz

Das brauchst du für 4 Tassen Zwergenmilch:

½ Vanilleschote
500 ml Vollmilch
2 EL Honig

Gänseblümchen-Honigwaffeln

Ob es wohl auch einen Gänseblümchen-Honig gibt?

So wirds gemacht:
Das Mehl in eine Schüssel sieben und in die Mitte eine Vertiefung drücken.

Die Eier trennen und die Eiweiße kalt stellen.

Eigelb, Öl und Honig in die Mehlmulde geben und mit dem Mehl verrühren. Langsam die Milch dazugeben und mit einem Schneebesen einen glatten Teig rühren.

Die Eiweiße mit einer Prise Salz zu steifem Schnee schlagen und vorsichtig unter den Waffelteig heben.

Den Teig im heißen, leicht gefetteten Eisen zu goldbraunen Waffeln backen.

Die Waffeln schmecken besonders fein mit Vanillesahne. Dazu wird ein Becher süße Sahne mit einem Päckchen Vanillezucker steif geschlagen und jeweils ein Tupfer Sahne auf die Waffeln gesetzt.

Bist du ein Honig-Feinschmecker?

Nicht jeder Honig schmeckt gleich. Es kommt darauf an, von welchen Blüten die Bienen den Nektar sammeln, der im Bienenstock zum Honig reift. Blütenhonig riecht und schmeckt mild: Klee weiß und cremig, Akazie klar und flüssig. Wald- oder Tannenhonig hat eine dunklere Farbe und schmeckt viel intensiver. Probier doch mal die verschiedenen Honige und finde deine Lieblingssorte.

Süße Zwergenmilch

... macht müde Musiker munter und hilft bei Hals- und Herzweh!

So wirds gemacht: Vanilleschote aufschneiden und zur Milch geben. Die Milch mit der Vanilleschote erhitzen.

Die Vanilleschote herausnehmen, Honig hineinrühren und die Zwergenmilch in Tassen gießen.

Vanillezucker selber machen

Die Vanilleschote musst du nicht wegwerfen. Sie riecht noch sehr stark und gibt dieses Aroma z. B. an Zucker ab. So kannst du ganz einfach Vanillezucker selber machen: Du wäschst die Vanilleschote mit warmem Wasser ab, trocknest sie und gibst sie in ein kleines Schraubglas mit Zucker. Das Glas musst du dicht zuschrauben und an einen dunklen, kühlen Ort stellen. Nach ungefähr zwei Wochen ist der Vanillezucker fertig! Dann kannst du Vanillemilch nur mit Milch, Mandeln und deinem selbst gemachten Vanillezucker machen!

Sommer

Kein Wunder, dass die Bären vor Freude tanzen. Denn im Sommer gibts für kleine Bärenschleckermäuler jede Menge zu naschen! Was sie am liebsten mögen? Beeren natürlich: Es fängt mit Erdbeeren an. Dann gibts die säuerlichen Johannisbeeren und Stachelbeeren im Garten. Danach werden die zarten Himbeeren reif und zum Schluss die Blaubeeren und die Brombeeren.

Aber das ist nicht alles. Pfirsiche, Nektarinen und Aprikosen kannst du pflücken. Außerdem die gelben Mirabellen und natürlich Kirschen. Aus dem Süden kommen Melonen. So tolles Obst gibt es das ganze Jahr nicht mehr! Deshalb findest du auch in diesem Kapitel viele süße Rezepte.

Und das Gemüse?

Wenn du über den Markt gehst, siehst du viele verschiedene Salatsorten. Dann gibt es Zuckererbsen, grüne Erbsen und Bohnen. Alle Kohlsorten sind jetzt besonders zart und fein: Blumenkohl, Brokkoli oder Weißkohl. Schließlich gibts die neuen Kartoffeln. Besonders lecker sind sie vom Grill und dazu gibts Maiskolben zum Knabbern ...

Das brauchst du für 4 Portionen:

8 mittelgroße Kartoffeln
1 EL Olivenöl
1 TL Salz
4 Maiskolben
Alufolie

Knabbermais und Käferkartoffeln

Für die Würstel, die du sicher gegrillt liebst, brauchst du kein Rezept. Aber vielleicht magst du mal was anderes probieren? Das Wichtigste bei der Sache sind riesige Grillhandschuhe! Außerdem musst du aufpassen, dass die Kohle nur glüht, nicht brennt. Sonst wird alles schwarz und ziemlich giftig.

So wirds gemacht:
Die Kartoffeln mit einer Bürste und Wasser gut abschrubben. Die Schale mit einer Gabel mehrmals einstechen.

Die Kartoffeln in einem Teller mit Öl beträufeln, sie damit rundherum einschmieren und mit Salz einreiben.

Jede einzelne Kartoffel in ein Stück Alufolie – die glänzende Seite zur Kartoffel – einwickeln.

Die Kartoffeln an den Rand der Glut legen und 20 Minuten warten. Dann mit einem spitzen Messer einstechen – sie ist gar, wenn sie weich ist.

Die Maiskolben entblättern, den Stiel bis zu den Körnern abschneiden. Nun die Maiskolben in einen Topf mit kochendem Wasser legen und 5 Minuten kochen lassen.

Die Maiskolben auf den Grillrost legen und öfters wenden, bis sie ein bisschen angeröstet sind. Am besten eine Aluschale darunter legen.

Stockbrot

Sicher hast du schon einmal etwas von Stockbrot gehört – oder es sogar schon gegessen. Dazu den Hefeteig von der Pizza (Seite 68) kneten und zum Grillplatz mitnehmen – er geht auf dem Weg vor sich hin. Jeder kann sich Stecken suchen und eine Portion Teig drumherum wickeln.

Das Stockbrot wird über der Glut gebacken – Vorsicht, nicht schwarz werden lassen.

Tipp

Zu Kartoffeln, Mais oder Stockbrot schmeckt Butter einfach super. Oder die Schinken-Nuss-Butter (Seite 45). Du kannst aber auch Butter mit klein gehackten Kräutern, Salz und einer geschälten, gehackten Knoblauchzehe zu einer Kräuterbutter rühren und darauf schmelzen lassen.

Das brauchst du für 6–8 Hörnchen:

200 g Mehl
150 g Magerquark
2 kleine Eigelb
150 g Butter
1 kräftige Prise Salz
2 Scheiben gekochter Schinken
3 EL Reibekäse
3 EL Kräuter-Crème-fraîche
1 EL Milch
Sesamsamen zum Bestreuen

Tipp

Dieses Rezept kannst du auch prima mit Tiefkühl-Blätterteig machen.

Blätterhörnchen »Heinzelmann«

Auch wenn Heinzel und sein Besucher im Blätterzimmer sitzen – die Hörnchen sind nicht aus grünen Blättern gebacken, sondern aus Blätterteig. Und der hat viele, kleine Schichten und ist dadurch blätterig!

So wirds gemacht:
Den Quark in ein Sieb geben und über Nacht abtropfen lassen. Dazu das Sieb über eine Schüssel hängen und in den Kühlschrank stellen.

Das Mehl in eine Schüssel sieben. Die kalte Butter in Stückchen schneiden. Abgetropften Quark, 1 Eigelb, Butter und Salz zum Mehl geben und rasch zu einem Teig kneten. Den Teig zu einer Kugel formen, fest in Frischhaltefolie einwickeln und eine Stunde im Kühlschrank ruhen lassen.

Den Backofen auf 180 Grad vorheizen.

Den Schinken in sehr feine Würfelchen schneiden und mit dem Reibekäse und der Kräuter-Crème-fraîche verrühren.

Den Teig etwa 1/2 cm dick ausrollen und in 20 x 15 cm große Rechtecke schneiden. Diese werden mit der Crème-fraîche-Mischung bestrichen, diagonal halbiert und zu Hörnchen aufgerollt.

Das restliche Eigelb mit 1 EL Milch verrühren – am besten mit einer Gabel – und die Hörnchen damit bepinseln.

Das Backblech mit kaltem Wasser abspülen und die Hörnchen darauf verteilen. Im heißen Backofen 30 Minuten goldbraun backen.

Für Süßschnäbel

Du kannst auch süße Hörnchen backen, indem du 100 g Marzipanrohmasse mit 3–4 EL Kaffeesahne weicher rührst und den Teig damit bestreichst. Oder als Schoko-Nuss-Hörnchen mit dem Bären-Aufstrich von Seite 45.

Blätterteig

Du kennst sicher Pastetchen oder anderes Blätterteiggebäck? Weißt du auch, warum der Teig solche dünnen, aufgeplusterte Schichten bildet? Blätterteig wird so hergestellt, dass zwischen vielen ganz dünnen Teigschichten viele ganz dünne Fettschichten liegen. Sie trennen die einzelnen Teigschichten und im Backofen drückt die heiße Luft die Schichten auseinander. Weil es sehr schwierig ist, echten Blätterteig zu machen, verwenden wir in diesem Rezept einen einfachen Blitzblätterteig. **Wichtig:** *Knete den Teig nicht zu fest, damit noch kleine Fettstückchen zum »Blättern« drinbleiben.*

Das brauchst du für 4 Portionen:

250 g parboiled Langkornreis
1 EL Öl
Salz
500 g Schollenfilets
3 EL Zitronensaft
Pfeffer
1/4 l Kräuterbrühe
50 g Tomatenmark
40 g Butter oder Margarine
50 g Mehl
100 ml süße Sahne

Katers Tomatenfische

**Kätzchen lieben frischen Fisch! Denn der macht stark.
Er hat nämlich wertvolle Stoffe in sich, die es sonst nicht gibt.
Kätzchen wissen das. Und du?**

So wirds gemacht:
Den Reis in einem Topf mit Öl erwärmen. Dann 1/2 Liter Wasser und 3 Teelöffel Salz zugeben, alles aufkochen lassen und dann bei kleiner Hitze zugedeckt quellen lassen.

Die Schollenfilets mit Zitronensaft beträufeln, salzen und pfeffern. In der heißen Kräuterbrühe etwa 10 Minuten ziehen lassen. Fisch heraus heben und warm stellen.

Das Tomatenmark in die Brühe rühren. Das Fett mit Mehl verrühren und in kleinen Stückchen unter die Sauce geben. Unter ständigem Rühren so lange köcheln lassen, bis die Sauce glatt ist.

Die Sahne schlagen und unter die Tomatensauce ziehen.

Mit Salz und Pfeffer abschmecken.

Die Sauce in eine flache Form gießen und die Filets darin verteilen.

Fischers Fritz fischt frische Fische, frische Fische fischt Fischers Fritz.

Parboiled Reis, was ist das?

Reis ist ein Getreide. Er wächst in Wasser – sicher hast du schon einmal Bilder davon gesehen. Es gibt runden Reis – daraus kocht man Milchreis oder das matschige Risotto. Üblicher ist langkörniger Reis, der schön locker und nicht klebrig sein soll. Parboiled heißt – er ist vorgekocht. Dadurch wandern alle guten Dinge aus der Reisschale ins Korn. Danach wird das Korn geschält und poliert. Du hast also alle guten Dinge im Korn, trotzdem ist der Reis schnell gar und nicht so hart.

Bärenstarke Tintenspeise

Mit Blaubeeren ist es wie mit Tinte: Sie machen jede Menge blauer Flecken, wenn es spritzt. Also wie Mutter Bär die Schürze nicht vergessen! Und beim Schlecken die Serviette benutzen!

Das brauchst du für 4 Portionen:

250 g gemischte Beeren (z. B. Blaubeeren, Brombeeren, Johannisbeeren, Erdbeeren)
3 EL Zucker
200 ml Apfelsaft
2 EL Speisestärke
1 Tasse süße Sahne

So wirds gemacht:
Die Beeren verlesen und waschen. Nur ganz große Beeren klein schneiden. Alle in einer Schüssel mit 3 EL Zucker überstreuen und 1 Stunde ziehen lassen.

Die Hälfte Saft in einem Schüttelbecher mit der Stärke mischen. Die Beeren samt Saft mit dem restlichen Apfelsaft zum Kochen bringen. Jetzt unter Rühren die angerührte Stärke hineinlaufen lassen. Noch einmal aufkochen lassen und dann kalt stellen.

Die kalte Tintenspeise in Schälchen füllen und mit süßer Sahne servieren.

Tipp

Du musst nicht unbedingt Blaubeeren verwenden, um eine Beerenspeise zu kochen. Die berühmte rote Grütze aus Schleswig-Holstein wird aus Johannisbeeren, Sauerkirschen und Himbeeren zubereitet und auch mit kalter Sahne begossen. Im Winter kann man rote Grütze sehr gut aus tiefgekühlten Beeren machen.
Sehr lecker schmeckt auch Rhabarbergrütze: 500 g Rhabarber mit 150 ml Wasser und 4 EL Zucker aufkochen. 1 halbes Päckchen Vanillepuddingpulver mit ein wenig Wasser verrühren und in das heiße Rhabarberkompott einrühren. Noch einmal aufkochen und dann abkühlen lassen.

Elfencrumble

Crumble (»Krambel«) heißt der Kuchen, und das ist englisch – wie viele Elfengeschichten auch. Er besteht eigentlich nur aus Streuseln und ist deshalb ganz einfach zu machen. Meistens wird er direkt aus der Form gegessen.

Das brauchst du für eine runde Kuchenform ø 26 cm:

500 g rote Johannisbeeren
200 g Butter
200 g gehackte Mandeln
200 g Zucker
3 Pck. Vanillezucker
1 Prise Salz
240 g Mehl
Fett für die Form
1–2 EL Puderzucker

So wirds gemacht:
Beeren waschen und mit einer Gabel von den Stielchen streifen.

Den Backofen auf 200 °C vorheizen. Die Form fetten.

Die Butter bei kleiner Hitze schmelzen. Die lauwarme Butter in einer Schüssel mit gehackten Mandeln, dem Zucker, 2 Päckchen Vanillezucker und dem Mehl zu Krümeln zerreiben.

Die Hälfte der Brösel in die Form streuen und die Beeren darauf verteilen. Dann mit den übrigen Bröseln bedecken.

Den Kuchen im heißen Ofen in 25 Minuten knusprig backen. Den Ofen abstellen, aufmachen und den Kuchen darin abkühlen lassen.

Puderzucker mit dem restlichen Vanillezucker mischen und über den Kuchen streuen.

Tipp

Die Engländer – auch die kleinen – lieben Picknick. Sie packen dazu Sandwiches und Tee und Kuchen ein. Und genau dafür ist der Crumble ideal – nimm ihn einfach in der Form mit.

Das brauchst du für 4 Portionen:

Für den Grießbrei:
400 ml Milch
3 EL Zucker (am besten selbst gemachter Vanillezucker)
1 Prise Salz
4 EL Grieß (40 g)
2 EL gemahlene Mandeln

Für das Aprikosenpüree:
250 g Aprikosen
2 EL Puderzucker
50 ml Maracuja- oder Orangensaft
1 Messerspitze Zimtpulver

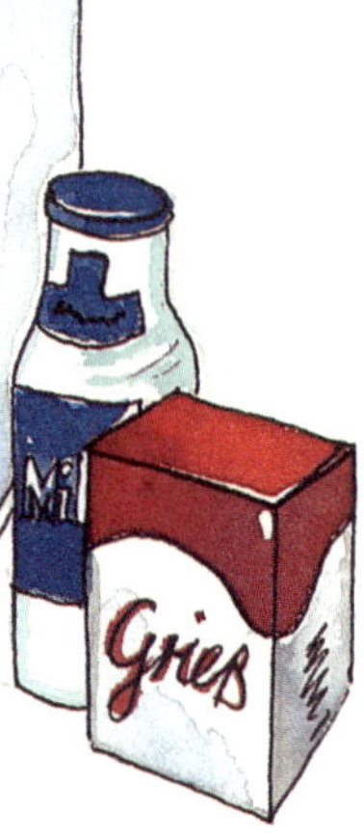

Hummelpudding

Hättest du das gedacht? Zum Hummelpudding-Kochen brauchst du kein Pulver. Sondern einfach nur Milch, Grieß, Zucker und Mandeln.

So wirds gemacht:
Die Milch mit der Prise Salz und dem Vanillezucker in einem Topf zum Kochen bringen. Den Grieß und die gemahlenen Mandeln einrieseln lassen, dabei umrühren.

Aufkochen und auf kleinster Flamme in 5 Minuten ausquellen lassen und dabei immer zwischendurch rühren, damit der Brei nicht anbrennt.

Eine Puddingform für 0,5 Liter mit kaltem Wasser ausschwenken, dann den Brei einfüllen. Mit einem nassen Löffel glatt streichen und im Kühlschrank fest werden lassen.

Die Aprikosen waschen, entsteinen und mit dem Puderzucker, dem Maracujasaft und dem Zimt pürieren.

Den Grießbrei auf einen Teller stürzen. Klebt er ein bisschen fest, die Form einen Moment in warmes Wasser tauchen. Dann schnell auf eine Platte stürzen und mit Aprikosenpüree umgießen.

Tipp

Wenn du eine passende Puddingform suchst, musst du erst einmal den Inhalt messen – da kann man sich schön verschätzen. Fülle die Puddingform mit Wasser aus einem 1-Liter-Messbecher. So viel Wasser in die Form passt, so viel Liter Inhalt hat sie. Bei unserem Rezept brauchst du eine 0,5-Liter-Form. Am besten gelingen Puddings in Metallformen: Sie werden schneller fest.

Wie wird der Brei zum Pudding?

Fühl doch mal den trockenen Grieß. Er fühlt sich ein bisschen wie Sand an. Es ist gemahlener Weizen. Beim Kochen saugt der Grieß die Milch oder das Wasser auf und die kleinen Körnchen quellen dick auf. Beim Abkühlen werden sie dann noch ein bisschen dicker und kleben aneinander, sodass man den Grießbrei stürzen kann.

Heinzels Honig-Eis

Eis kannst du ganz einfach selber machen, indem du Saft oder einen Sahne-Joghurt-Mix im Tiefkühlfach fest werden lässt. Gib das Eis in Joghurtbecher und stecke einen Eierlöffel hinein – dann hast du Eis am Stiel!

Das brauchst du für 4 Portionen:

200 g Naturjoghurt
1 Pck. Vanillezucker
Abgeriebene Schale einer 1/2 Zitrone
5–6 EL aromatischer Honig
(z. B. Tannen- oder Waldhonig)
200 ml süße Sahne

So wirds gemacht:
Den Joghurt mit dem Honig, dem Vanillezucker und der Zitronenschale glatt rühren. Die Sahne steif schlagen und vorsichtig unter die Honigcreme heben. In eine große Schüssel oder in Joghurtbecher geben und gleich in den Gefrierschrank stellen. Die große Schüssel hin und wieder durchrühren, um eine cremige Konsistenz zu erhalten. Nach 6 Stunden ist das Eis gefroren.

Tipp

Selbst gemachtes Eis wird in der Tiefkühltruhe steinhart. Wenn du es servieren willst, solltest du es eine halbe Stunde vorher aus dem Gefrierfach nehmen und im Kühlschrank antauen lassen. Dann kannst du leichter die Portionen abstechen.

Erdbeerstärkung

Frisch gepflückte Erdbeeren oder die aromatischen Walderdbeeren schmecken am besten. Vielleicht gehst du mit deiner Familie mal auf eine Pflück-Plantage? Danach könnt ihr in dicken Gartenerdbeeren schwelgen ...

Das brauchst du für 4 Portionen:

250 g Erdbeeren
2 EL Zucker
1/2 Pck. Vanillezucker
250 g Magerquark
1 Becher Naturjoghurt
100 ml süße Sahne
Minzeblättchen zum Garnieren

So wirds gemacht:
Die Erdbeeren verlesen, waschen und den Stielansatz entfernen. Große Früchte vierteln, kleine halbieren und mit dem Zucker und Vanillezucker einzuckern.

Den Quark mit dem Joghurt glatt rühren. Die Sahne steif schlagen und unter den Quark heben.

Die Früchte und den ausgetretenen Saft unter den Sahnequark heben und in Schälchen verteilen. Mit Minzeblättchen garnieren.

Tipp

Fruchtquark kannst du nicht nur aus Erdbeeren machen. Eigentlich eignet sich jedes andere Obst auch dazu. Je nachdem, wie süß oder sauer die Früchte sind, musst du mehr oder weniger Zucker zugeben. Sehr lecker schmeckt es auch, wenn du Rhabarberkompott unter den Quark mischst.

Das brauchst du für 12 Muffins:

260 g Mehl
3 TL Backpulver
250 g Himbeeren
2 Eier
200 g brauner Zucker
150 g weiche Butter
1 Pck. Vanillezucker
300 g Joghurt
Puderzucker zum Bestäuben,
eine Muffinform oder Papierbackförmchen

Himbeermuffins

Muffins – man spricht das »Maffins« aus – kommen eigentlich aus Amerika. Und dort gibt es sie in 1000 Variationen: groß, mittel und mini, mit Früchten oder Schokostückchen oder auch salzig.

So wirds gemacht:
Den Backofen auf 180 Grad vorheizen. Alle Vertiefungen der Muffinform mit Fett einpinseln oder Papierförmchen hineinstellen. Oder Papierförmchen auf ein Blech setzen – dann aber zwei ineinander – sie knicken sonst ein.

Die Himbeeren waschen und verlesen.

Das Mehl in eine Schüssel geben und mit Backpulver vermischen.

Die Eier leicht verquirlen. Den Zucker, die Butter und den Vanillezucker dazugeben und mit dem Handrührgerät gut verrühren. Dann den Joghurt dazurühren. Die Mehlmischung unterrühren.

Zuletzt die Himbeeren vorsichtig unter den Teig heben.

Den Teig in die Mulden füllen. Im Backofen auf der mittleren Schiene in 20–25 Minuten goldgelb backen. Die Muffins in der Form 5 Minuten ruhen lassen und mit Puderzucker bestäuben. Dann aus den Mulden nehmen und noch warm probieren.

… mit Guss

In Amerika haben die Muffins die tollsten Dekorationen. Wenn dir das Spaß macht, kannst du es auch versuchen. Zunächst kommt ein Guss drauf:

Erwärme Schokoladenglasur nach Anweisung im heißen Wasserbad und verteile sie dann auf den Muffins.

Für Zuckerguss rührst du 150 g Puderzucker mit 1–2 Teelöffeln Zitronensaft dickflüssig und pinselst damit die Muffins ein.

Du kannst auch Marmelade erwärmen und auf die Muffins streichen.

Solange die Glasur noch nicht fest ist, kommt die Deko drauf: Smarties, Gummibärchen, Nüsse oder Obst. Unsere Muffins schmecken am besten mit Zuckerguss und echten Himbeeren!

Tipp

Probier doch einfach mal aus, wie dieses Rezept schmeckt, wenn du die Himbeeren durch Blaubeeren, Stachelbeeren oder Apfelstückchen ersetzt. Die Muffins schmecken aber auch mit gehackten, getrockneten Aprikosen oder Pflaumen, mit Schokostückchen oder mit gehackten Walnüssen.

Rote Kirschen ess ich gern,
schwarze noch viel lieber,
in die Schule geh ich gern
alle Tage wieder.

Was schmierst du dir aufs Brot? Immer nur Butter mit Lyoner? Dann probier doch einmal diese bärenstarken Rezepte aus. Du brauchst unter die Aufstriche natürlich keine Butter mehr zu streichen.

Magst du Kresse selber ziehen?

Kressesamen sind winzig kleine, dunkle Körnchen, die sehr schnell keimen und aus denen dann die Kresse wächst. Du kannst das ganz einfach ausprobieren: Lege ein flaches Schälchen mit einer dünnen Lage Watte aus, mache die Watte schön nass und streue die Samen darauf. Nun stellst du es aufs Fensterbrett. Zweimal am Tag das Gießen nicht vergessen. Nach 1 Woche kannst du ernten. Übrigens: Fürs Kresseziehen gibt es extra Tiere oder Schalen aus Ton.

Bärenschulen-Pausenschmankerln

Schinken-Nuss-Butter

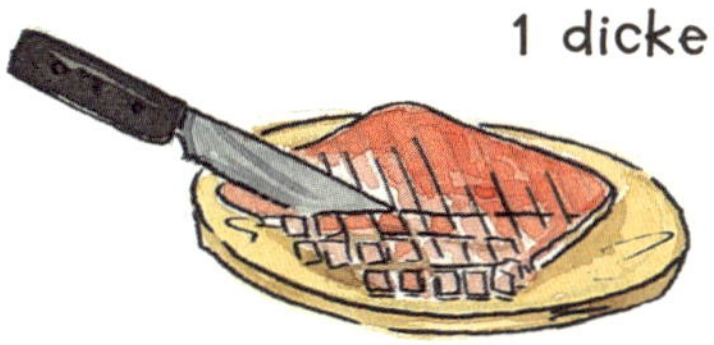

Das brauchst du für 4 Brote:
1 dicke Scheibe gekochter Schinken (150g)
10 Walnusshälften
1 EL Öl
100 g Butter
Salz und Pfeffer
1 Bund Schnittlauch

So wirds gemacht: Den Schinken sehr fein würfeln und die Walnusshälften fein hacken. Das Öl erhitzen und den Schinken und die gehackten Nüsse darin bei kleiner Hitze andünsten, aber nicht bräunen.

Die Schinken-Nuss-Mischung ein bisschen abkühlen lassen, dann unter die weiche Butter mischen.
Den Schnittlauch waschen, trocken schütteln und in kleine Röllchen schneiden. Mit Salz und Pfeffer würzen. Schmeckt super zu den Scones von Seite 54.

Obatzda

Das brauchst du für 4 Brote:
150 g milder Camembert
1 EL weiche Butter
100 g Schichtkäse
3–4 EL Kresse
1 Messerspitze edelsüßes Paprikapulver
Salz und Pfeffer

So wirds gemacht: Vom Camembert die Rinde abschneiden, den Käse mit einer Gabel fein zerdrücken.
Käse mit Butter verrühren, dann den Schichtkäse zugeben. Die Kresse mit einer Schere vom Beet schneiden und waschen, gut trocken tupfen und unter den Käse rühren. Mit Paprika, Pfeffer und Salz würzen. **Obatzda kommt aus Bayern und schmeckt am besten auf einem kräftigen Bauernbrot. Dazu gibt es Radieschen.**

Schoki-Nuss-Honig

Das brauchst du für einen süßen Vorrat von einem Glas:
100 g gemahlene Haselnüsse
1 TL Kakaopulver
2 EL Raspelschokolade
100 g Honig

So wirds gemacht: Die Haselnüsse in einer beschichteten Pfanne vorsichtig anrösten, da sie leicht verbrennen.

Nüsse, Kakao, Raspelschokolade, Honig miteinander cremig rühren.
Die Nusscreme in ein Schraubglas füllen und in den Kühlschrank stellen. Dort hält sie sich 3–4 Wochen.

Herbst

Im Herbst ist das Erntedankfest: Vor dem Winter wird die letzte Ernte des Jahres eingebracht. Vor allem Getreide, Kartoffeln fürs Einkellern, Kohl aller Arten, aber auch Tomaten, Paprikaschoten, Zucchini, Kürbis und Auberginen sind prall und reif. Im Wald gibt es jetzt jede Menge Pilze.

Und auf der süßen Seite? Äpfel und Birnen, Pflaumen und Zwetschgen, Trauben und Holunderbeeren kannst du jetzt pflücken.
Und natürlich Nüsse! Die schmecken am besten frisch vom Baum.

Aber du kannst noch mehr damit anstellen:
Jetzt ist nämlich Einmachzeit! Die Vorratsregale füllen sich mit Marmelade, Kompott und anderen Köstlichkeiten. Wer würde da nicht gerne naschen?
Vielleicht magst du selber auch etwas Leckeres einmachen – das kannst du Weihnachten an alle verschenken, die du gern hast.

Im Spätsommer und im Herbst wachsen in den Wäldern wieder Pilze.
Vielleicht kennst du ja einen Pilzsammler, der mit dir pflücken geht und die Pilze kennt.
Wenn nicht, nimmst du Champignons. Die werden gezüchtet und man kann sie
das ganze Jahr über frisch kaufen.

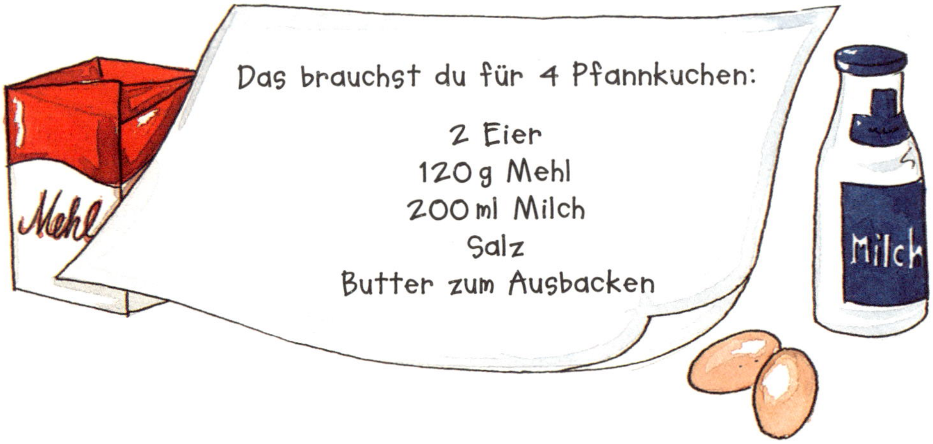

Das brauchst du für 4 Pfannkuchen:

2 Eier
120 g Mehl
200 ml Milch
Salz
Butter zum Ausbacken

Pfannkuchen

So wirds gemacht:
Die Eier verquirlen. Nach und nach das Mehl und die Milch mit dem Schneebesen unterarbeiten, dabei darauf achten, dass keine Klümpchen entstehen. Mit einer Prise Salz würzen.

Etwas Butter in eine beschichtete Pfanne geben und heiß werden lassen. Eine Schöpfkelle Teig hineingeben. Deckel auflegen und den Pfannkuchen goldgelb backen. Dann mit einem beschichteten Bratenwender wenden und fertig backen. So 4 Pfannkuchen backen.

Dazu kannst du einfach Zucker und Apfelmus essen. Oder du gibst auf jeden Pfannkuchen Pilzragout und klappst eine Pfannkuchenseite darüber.

... mit Pilzen

Das brauchst du für 4 Portionen:
500 g Champignons
50 g durchwachsener Speck
1/2 Bund Frühlingszwiebeln
1/2 Becher Sauerrahm 20 % Fett
Salz und Pfeffer
1 Bund Petersilie

Für das Pilzragout die Champignons abbürsten oder kurz abbrausen und die Pilze in Scheiben schneiden. Die Zwiebeln putzen und waschen, in Ringe schneiden. Den Speck würfeln.

Den Speck in einer Pfanne auslassen und die Zwiebeln dazugeben und goldgelb anrösten. Dann die Pilze in die Pfanne geben. Den Deckel auflegen und 5 Minuten dünsten.

In der Zwischenzeit die Petersilie waschen, trocken schütteln und die Blättchen abzupfen, mit dem Wiegemesser hacken. Den Sauerrahm dazugeben und mit Salz, Pfeffer und einem Spritzer Zitronensaft abschmecken. Die gehackte Petersilie unter die Sauce rühren.

Das Pilzragout in die Pfannkuchen füllen.

... mit Äpfeln

Besonders köstlich sind Apfelpfannkuchen: Brate Apfelschnitze in der Pfanne an, gieße dann den Teig darüber und backe den Pfannkuchen von beiden Seiten fertig. Mit Zimtzucker wunderbar!

Tipp

Aus Pfannkuchen kannst du eine leckere Flädlesuppe kochen. Dazu machst du dir aus gekörnter Brühe oder einem Brühwürfel eine Fleisch- oder Gemüsebrühe. Die Pfannkuchen rollst du zusammen und schneidest ganz dünne Scheibchen davon ab und gibst die Pfannkuchenstreifen in die Brühe. Die Suppe wird noch leckerer, wenn du Schnittlauchröllchen oder gehackte Petersilie darüber streust.

Das brauchst du für 4 Portionen:

eine flache Auflaufform
Fett für die Form
500 g Brombeeren
3 Eier
40 g Zucker
150 g Mehl
80 ml Orangensaft
100 g Magerquark
1 Prise Salz
Puderzucker zum Bestäuben oder Ahornsirup

Beerentraum

Warm ist er ein Auflauf, kalt ein saftiger Kuchen. Du musst ihn in einer flachen Form backen. So was Köstliches kommt natürlich aus Frankreich und heißt da Clafoutis (das spricht man »klafuti« aus).

So wirds gemacht:
Den Backofen auf 200 Grad vorheizen und die Form einfetten.

Die Beeren verlesen, waschen und abtropfen lassen.

Die Eier trennen. Eigelb mit Zucker, Mehl, 80 ml Orangensaft und Quark verrühren.

Die Eiweiße mit einer Prise Salz zu einem steifen Schnee schlagen und unter die Eigelbmasse heben.

Den Teig in die Form füllen und mit den Beeren belegen.

Den Auflauf im heißen Backofen etwa 30 Minuten backen.

Nach dem Backen mit Puderzucker bestäuben oder mit Ahornsirup übergießen.

Wie Eiweiß zu Schnee wird

Eiweiß enthält gar kein Fett. Wenn du es schlägst, geraten viele kleine Luftbläschen ins Eiweiß und werden dort festgehalten. Die Luft macht das Eiklar weiß und luftig. Wenn nun aus Versehen auch nur ein bisschen Fett dazu gerät, kann die Luft entweichen – der Schnee wird schlapp. Deshalb müssen Schüssel und Schneebesen supersauber sein. Und kein bisschen vom fetthaltigen Eigelb darf ins Eiweiß geraten. Also beim Trennen aufpassen – oder einen Eiertrenner benutzen.

Beeren sammeln

Brombeeren kannst du überall finden. Beim Sammeln musst du aber ein paar Regeln beachten. Hunde hinterlassen ihre Marken überall, deshalb solltest du nur Beeren sammeln, die höher als dein Bauchnabel hängen. Von Hecken, die an Bahndämmen und an viel befahrenen Straßen wachsen, solltest du gar keine Beeren pflücken.

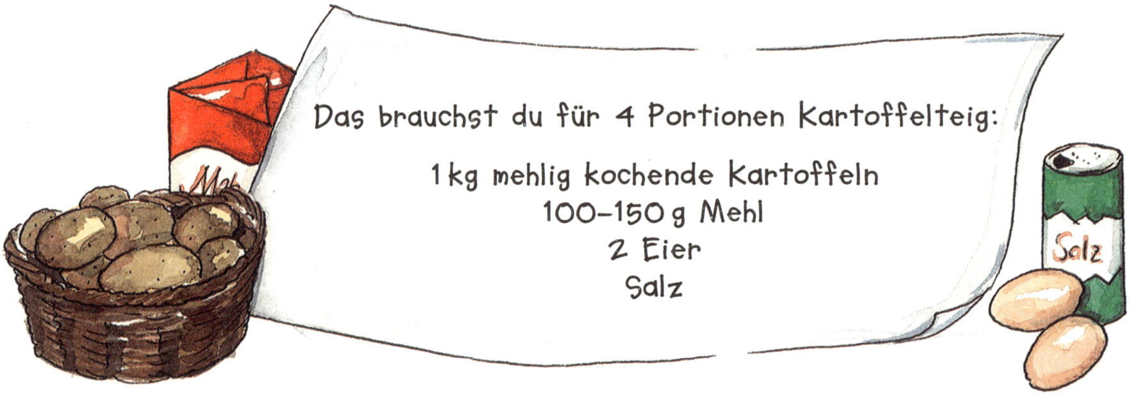

Das brauchst du für 4 Portionen Kartoffelteig:

1 kg mehlig kochende Kartoffeln
100–150 g Mehl
2 Eier
Salz

Kartoffel ist nicht gleich Kartoffel

Knödel gelingen nicht mit jeder Kartoffel. Die ersten Kartoffeln sind viel zu nass und Salatkartoffeln sind zu klitschig. Erst im Herbst werden die eher mehligen Kartoffeln reif. Jede Sorte hat einen Mädchennamen. Halte für die Zaubereien Ausschau nach Bintje, Aula, Adretta, Datura, Irmgard oder Likaria …

Heinzels Erdäpfelzauberei

Na – was sind wohl Erdäpfel? Klar – Kartoffeln!
Heinzel hat davon eine Menge für den Winter eingelagert und macht daraus die tollsten Sachen.

So wirds gemacht:
Die Kartoffeln waschen und in wenig Wasser in etwa 20 Minuten gar kochen. Noch heiß schälen – das geht am besten, wenn man die Kartoffel dabei auf einen Kartoffelspieß steckt – und sofort durch die Presse drücken.

2/3 des Mehls, die Eier und Salz (bei salzigen Gerichten 1 TL, bei süßen Gerichten eine Prise) schnell unterkneten.

Ist der Teig noch zu matschig, das restliche Mehl unterarbeiten.

Zwetschgen-Knödel

Das brauchst du für 4 Portionen:

1 Rezept Kartoffelteig
15 Zwetschgen
80 g Butter
120 g Semmelbrösel
2 EL Zucker

Die Zwetschgen waschen.

Den Teig zu einer dicken Rolle formen. 15 Scheiben abschneiden, in jede Scheibe eine Zwetschge hüllen.

In einem Topf reichlich Salzwasser zum Kochen bringen, Knödel einlegen und ohne Deckel so lange leicht kochen lassen, bis die Knödel oben schwimmen (5–8 Minuten). Die Knödel mit einem Schaumlöffel herausheben.

Die Butter in einer Pfanne schmelzen und die Semmelbrösel darin goldgelb rösten. Die abgetropften Knödel darin wälzen und mit Zucker bestreuen.

Kartoffel-Taler

Das brauchst du für 4 Portionen:

1 Rezept Kartoffelteig
5 EL Reibekäse
2 EL gemischte gehackte Kräuter
(z. B. Petersilie, Schnittlauch, Thymian)
oder Schinkenwürfel
Pfeffer, Muskatnuss
Butterschmalz zum Ausbacken

Reibekäse und Kräuter unter den Kartoffelteig mischen und ihn mit Pfeffer und frisch geriebenem Muskat würzen.

Den Teig zu einer Rolle formen und 2 cm dicke Scheiben davon abschneiden. Noch einmal schön glatt drücken.

Das Fett in einer beschichteten Pfanne erhitzen und die Taler darin von beiden Seiten goldbraun braten.

Dazu schmeckt Tomatensauce ganz toll.

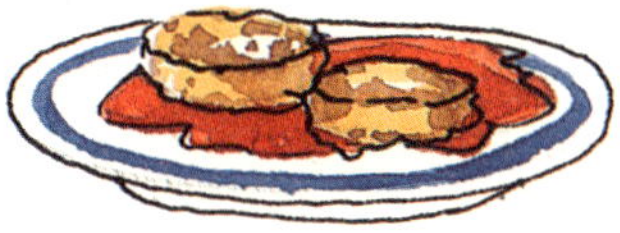

Tipp

Du kannst die Taler auch mit Knödelteig aus gekochten Kartoffeln zum Anrühren aus der Tüte machen.

Das brauchst du für etwa 10 Scones:

250 g Mehl
1/2 Pck. Backpulver
1/2 TL Salz
30 g weiche Butter
1 Ei
3–4 EL Crème fraîche
70 g Käsewürfelchen (Edamer, Gouda oder Feta)
1/2 TL Thymian

Charlys Käse-Scones

Scones (du sprichst es »Skouns«) sind ein typisch englisches Gebäck.
Sie werden zum High Tea (das wird so ausgesprochen: Hai Tie) gegessen.
Englische Kinder lieben sie mit Rosinen und mit dicker Sahne und Marmelade bestrichen.
Besonders vornehm ist es aber, Salziges zum Tee zu essen, meint Charly.

So wirds gemacht:
Den Backofen auf 180 Grad vorheizen und das Backblech einfetten.

Das Mehl mit dem Backpulver und Salz mischen, die Butter dazugeben mit dem Mehl krümelig verreiben. In einer Tasse das Ei mit 3 EL Crème fraîche vermischen und unter das Mehl rühren, bis der Teig glatt wird.

Den Teig auf der bemehlten Arbeitsfläche kneten und dabei die Käsewürfel und den Thymian unterarbeiten. Dann fingerdick ausrollen und mit einem Glas oder einem großen Ausstecher runde Taler ausstechen.

Die Scones aufs Backblech legen und im heißen Backofen in 15–20 Min. backen, bis sie hellbraun sind. Schmeckt super mit pikanten Brotaufstrichen – oder einfach mit Butter.

Für süße Schleckermäuler

Für süße Scones lässt du Käse und Thymian weg, gibst nur eine Prise Salz, aber 2–3 EL Zucker zu und 100 g Rosinen.

Tipp

Versuch Charlys Käse-Scones mal mit dem Bärenschulen-Brotaufstrich Schinken-Nuss-Butter von Seite 45: Schmeckt einfach herrlich!

Backpulver

Das feine weiße Backpulver lässt ähnlich wie Hefe (Seite 11) den Teig aufgehen. Es bildet viele kleine Luftbläschen, wenn Feuchtigkeit und Hitze einwirken – also erst beim Backen. Säure – wie Crème fraîche – unterstützt das. Mach doch einmal ein kleines Experiment: Verteile ein Päckchen Backpulver auf vier flachen Tellern. Beträufle je einen Teller mit Wasser, heißem Wasser, Zitronensaft und heißem Zitronensaft. Wann schäumt das Pulver am meisten?

Das brauchst du für eine kleine Kastenform:

300 g Schokolade
(am besten mit ein paar Bitterschokoladenstückchen)
150 g Kokos-Plattenfett
1 TL dunkles Kakaopulver
20–24 Butterkekse (120–150 g)
Frischhaltefolie für die Kastenform

Kalter Hund

Hast du Reste vom Schokoladenhasen? Du solltest sie verwerten, bevor die Schoko-Weihnachtsmänner kommen! Kein Problem, wenn du Kalten Hund kennst. Diesen Kuchen gabs zu jedem Kinderfest, als deine Eltern noch Kinder waren. Wenn du ihn probierst, weißt du, warum ...

So wirds gemacht:
Die Schokolade grob hacken und das Kokosfett in Stückchen brechen. Alles zusammen mit dem Kakaopulver in einem kleinen Topf bei kleiner Hitze vorsichtig schmelzen. Dabei immer gut umrühren. Ist die Masse glatt geschmolzen, den Topf vom Herd ziehen.

Die Kastenform sorgfältig mit der Frischhaltefolie auslegen.

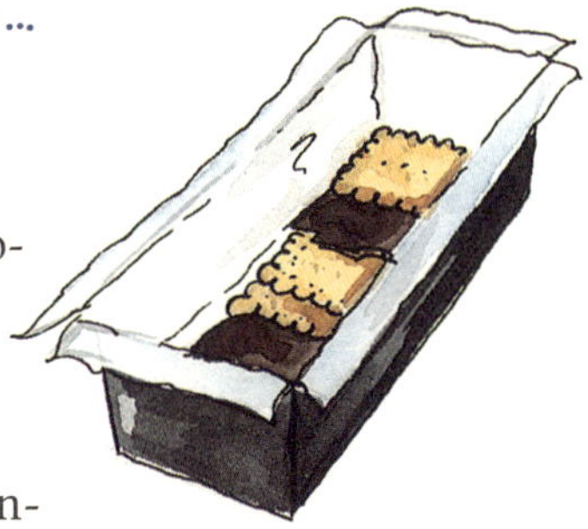

Dann den Boden mit Schokomasse bedecken. Eine Schicht Butterkekse darauf legen und dann im Wechsel Schokomasse und Kekse einschichten, bis die Schokomasse verbraucht ist.

Folie über dem kalten Hund zusammenschlagen und 2–3 Stunden in den Kühlschrank stellen. Dann stürzen und die Folie entfernen. Bis zum Aufschneiden schön kalt halten, sonst wird er wieder weich.

Ein Hund lief in die Küche
und stahl dem Koch ein Ei.
Da nahm der Koch den Löffel
und schlug den Hund entzwei.

Da kamen alle Hunde
und gruben ihm ein Grab
und setzten einen Grabstein,
worauf geschrieben ward:

Ein Hund lief in die Küche
und stahl dem Koch ein Ei ...

Tipp

Du kannst den Kuchen mit Zuckerzeug dekorieren: Klebe es mit einem Tröpfchen Marmelade fest.

Kokosfett

Es schmeckt nach nichts – erst recht nicht nach Kokos. Aber es wird aus Kokosnuss gemacht. Es gehört wie Butter, Margarine und Öl zu den Fetten. Die sind je nach der Art ihrer Fettsäuren flüssig, weich oder fest. Kokosfett ist das härteste Fett. Deshalb können wir es für Kalter Hund so gut gebrauchen – der fließt uns nämlich sonst davon.

Das brauchst du für 4 Portionen:

1 Bund Suppengrün
1 große Zwiebel
3 Nelken
1 großes Lorbeerblatt
1 dicke Beinscheibe
5 Pfefferkörner
1 TL Salz
1–2 Möhren
1 Bund Petersilie
4 Fadennudelnestchen (etwa 150 g)
1 Tasse Tiefkühl-Erbsen
1 Ei
2 EL Semmelbrösel
Muskatnuss

Hinkebeins Kraftnudeltopf

Wenn du mal nicht so ganz bei Kräften bist, macht dich diese Suppe wieder topfit. Aber sie schmeckt so lecker, dass du sie eigentlich immer essen kannst!

So wirds gemacht:
Das Suppengrün waschen und putzen, große Stücke grob zerkleinern. Die Zwiebel schälen und halbieren, eine Hälfte vierteln. Auf der andere Hälfte mit den Nelken das Lorbeerblatt feststecken.

Das Fleisch waschen und das Mark aus dem Knochen drücken und beiseite stellen.

Fleisch samt Knochen und Gemüse, gespickte Zwiebel, Pfefferkörner und Salz in einen Topf geben und mit 1½ l Wasser aufsetzen. Beginnt es zu kochen, Hitze klein stellen und 1½ Stunden leise kochen.

Die beiden Möhren waschen, schälen und in Würfel schneiden. Petersilie waschen, trocken schütteln und die Blättchen von den Stielen schneiden.

Auf einem Brettchen mit einem Wiegemesser klein hacken.

Das Mark mit einer Gabel zerdrücken und mit einem Ei verrühren. Ca. 2 EL Semmelbrösel darunter rühren, bis ein fester Teig

entsteht. Mit Salz, Pfeffer, 1 Msp. geriebenem Muskat und 1 EL gehackter Petersilie würzen.

Nach 90 Min. das Fleisch aus der Suppe nehmen und die Brühe durch ein Sieb gießen. Die Möhrenwürfel in der Brühe 7 Minuten köcheln lassen. Dann die Nudelnestchen zerdrücken. Nudeln, Erbsen und die Klößchen zur Suppe geben und noch einmal für 3 Minuten köcheln, bis alle Klößchen oben schwimmen.

In der Zwischenzeit das Fleisch in Würfel schneiden und zur Suppe geben. Die Suppe mit den Gewürzen und der Petersilie abschmecken.

Tipp

Wenn du es einmal eilig hast, kannst du eine Bouillon aus Brühwürfeln oder gekörnt aus dem Glas aufkochen und Möhrenwürfel, Erbsen, Sternchennudeln und kleine Klößchen aus Wurstbrät darin garen.

Wer knackt diese Nuss?

Keiner. Denn sie ist schon geknackt. Der Muskatbaum, der in Asien und Südamerika wächst, trägt Früchte, ähnlich wie Pfirsiche. Wenn sie reif sind, platzen sie – der Samen kommt zum Vorschein. Seine Hülle wird getrocknet und als Muskatblüte oder Macis auch zum Würzen genommen. Und wenn man den Samen knackt, kommt die Muskatnuss zum Vorschein. Zum Würzen musst du sie reiben – dazu gibts eine extra kleine Muskatreibe. Wetten, deine Großmutter hat noch eine? Muskat passt überall da, wo auch Pfeffer hineinkommt. Übrigens: Berge von Muskatnuss können ganz schön krank machen. Also nur immer eine Prise nehmen.

Das brauchst du für 4 Portionen:

250 g kernlose Trauben (Sultanas)
6 Blatt Gelatine
Saft einer 1/2 Zitrone
250 ml heller Traubensaft
250 ml roter Traubensaft

Traumgelee der Traubenfee

Mit dieser süßen Speise beschert die Traubenfee allen kleinen Naschkatzen einen süßen Schlaf. Probiers mal aus. (Zähneputzen nicht vergessen!)

So wirds gemacht:
Die Trauben waschen und von den Stielen zupfen. Die Gelatineblätter in kaltem Wasser einweichen.

Die Gelatine tropfnass in einem Topf bei ganz kleiner Hitze flüssig werden lassen. Sie darf nicht zu heiß werden. Dann den Topf vom Herd nehmen und die Säfte nach und nach zur Gelatine geben. Abkühlen lassen.

Die Hälfte Saft mit der Hälfte Trauben auf 4 Glasschüsselchen verteilen und im Kühlschrank erstarren lassen. Danach die zweite Portion darauf gießen. Das Gelee noch 3 Stunden im Kühlschrank durch und durch fest werden lassen.

Tipp

Gelees kannst du auch mit anderen Fruchtsäften und Früchten machen. Es sieht lustig aus, wenn man verschiedenfarbige Gelees in Schichten in eine Schüssel füllt. Und wenn du ganz bequem bist, kannst du Götterspeise aus der Packung nehmen.

Gelatine

Bei Gelatine musst du immer aufpassen, dass sie auf gar keinen Fall zu heiß wird. Du kannst sie dir wie eine verknotete Perlenkette vorstellen. Wenn die Gelatine ein bisschen heiß wird, lockert sich die Kette und wird beim Erkalten wieder fest. Fängt sie an zu kochen, schmilzt der Faden und die Perlen fallen auseinander. Dann wird die Gelatine nie mehr fest. Das passiert übrigens auch, wenn sie im Eisfach gefroren wird.

Das brauchst du für 4 Portionen:

1/2 Baguette
1/2 Salatgurke
2 Essiggurken
100 g gekochter Schinken
2 EL grüne Kürbiskerne
1 Bund Basilikum
1 Pck. Kräuterfrischkäse
2 EL Joghurt
Salz und Pfeffer
1 TL Senf
4 hart gekochte Eier

Lurchis Picknick-Party-Brot

Vielleicht willst du deinen Geburtstag mal draußen feiern. Dafür ist Lurchis Brot sehr praktisch. Du kannst es nämlich schon am Tag vorher machen und mitnehmen.

So wirds gemacht:
Das Baguette mit dem Brotmesser aushöhlen. Das ausgelöste Weißbrot fein zerkleinern und beiseite stellen.

Gurke schälen, halbieren und die Kerne mit einem Teelöffel herauskratzen. Die Gurkenhälften raspeln, dann auf einem Sieb abtropfen lassen.

Die Essiggurken fein würfeln. Den Schinken in feine Streifen schneiden. Kürbiskerne ohne Fett in einer Pfanne rösten, bis sie duften, sehr fein hacken.

Gurken mit Kräutern, Kürbiskernen, Frischkäse, Joghurt, Schinken und dem zerkleinerten Weißbrot vermischen. Mit Salz, Pfeffer und Senf abschmecken.

Basilikumblätter abzupfen und hacken, mit dem Frischkäse mischen, damit das Baguette innen ausstreichen. Nun im Wechsel die hart gekochten Eier und den Gurkenmix hineindrücken.

Das Baguette in Folie wickeln, in den Kühlschrank legen und zum Servieren in Scheiben schneiden.

Tipp

Wenn du kein Basilikum magst, kannst du auch Schnittlauch oder Kresse nehmen. Und statt Ei kannst du auch Frikadellen ins Brot stopfen – oder Wienerle.

Baguette

Baguette ist ein ganz typisches französisches Brot. Beim Bäcker werden die langen Stangen in ein Stück Papier verpackt, dann klemmt man sie sich unter den Arm und trägt sie nach Hause.

Knusper-Nüsschen

Im Herbst sammeln Eichhörnchen ihre Wintervorräte und vergraben sie in der Erde, damit sie im Winter nicht hungern müssen. Deine Knuspernüsschen musst du auch aufbewahren – dann kannst du sie nämlich Weihnachten verschenken.

Das brauchst du für etwa 50 Stück:

100 g gehackte Haselnüsse
50 g Dörrpflaumen
200 g Zartbitterkuvertüre
50 g Cornflakes
Pergamentpapier zum Draufsetzen

So wirds gemacht:
Die gehackten Haselnüsse in einer Pfanne ohne Fett anrösten, bis sie duften, und sofort auf einen Teller geben. Die Dörrpflaumen in kleine Würfel schneiden.

Auf der Arbeitsfläche Pergamentpapier auslegen.

Die Kuvertüre im heißen Wasserbad schmelzen und die übrigen Zutaten hineinrühren.

Mit zwei Teelöffeln kleine Häufchen auf das Pergamentpapier setzen. Die Häufchen gut trocknen lassen. Das geht am besten im Kühlschrank.

Am schönsten sehen die Nüsschen in Cellophantüten aus. Binde eine schöne Schleife daran mit einem Tannenzweig oder ein paar Nüssen am Stiel.

Tipp

Wenn dir Zartbitterkuvertüre nicht schmeckt, kannst du auch Vollmilch- oder weiße Kuvertüre verwenden.

Nüsse sammeln

Mach es den Eichhörnchen nach: Haselnüsse gibt es an jeder Ecke. Herumliegende Nüsse sind meist taub – die Eichhörnchen haben das gemerkt und sie liegen gelassen. Deshalb am besten vom Busch pflücken, die Nüsse aus den Blättern schälen und trocken aufbewahren.

Bärchens Beste

Das ist der Daumen,
der schüttelt die Pflaumen,
der liest sie auf,
der trägt sie nach Haus
und der Kleine isst sie alle, alle auf.

Das brauchst du für etwa 3 Gläser Pflaumenmarmelade:

500 g Pflaumen
500 g Gelierzucker
2 Anissternchen
1 Zimtstange

So wirds gemacht:
Die Pflaumen waschen, entsteinen und in kleine Stückchen schneiden. Mit dem Gelierzucker vermischt über Nacht in einem abgedeckten Topf Saft ziehen lassen.

Die Gewürze zugeben und aufkochen.

Wenn die Marmelade kocht, noch 4 Min. sprudelnd kochen lassen. Fertige Marmelade sofort in Gläser füllen, verschließen und die Gläser auf den Kopf stellen.

Schneller geht es, wenn du die entsteinten Pflaumen mit einem Pürierstab grob pürierst.

Es kostet ein bisschen Zeit, Marmelade zu kochen …

*… **aber sie schmeckt so lecker!!!** Und sie ist ein tolles Geschenk für Paten oder Großeltern. Lass dir aber beim Einfüllen helfen – die Marmelade muss nämlich knallheiß eingefüllt werden. Du brauchst Gläser mit Schraubverschluss, sogenannte Twist-off-Gläser (das steht meist auf dem Deckel). Gläser und Deckel in der Spülmaschine oder in Spülwasser gründlich waschen. Dann mit heißem Wasser nachwaschen und auf einem frischen Geschirrtuch abtropfen lassen.*

Etiketten nicht vergessen

Wenn die Marmelade ganz kalt ist, stellst du sie wieder richtig hin. Dann kannst du ein schönes Etikett malen und schreiben, was drin ist. Jahreszahl nicht vergessen! Und vielleicht noch einen Stoffrest etwas größer als den Deckel zurechtschneiden, darauf legen und rundherum mit einem Geschenkband festbinden.

Winter

Jetzt sind die Felder abgeerntet. Aber keine Sorge – du musst nicht wie der Eisbär an kalten Fischen nagen. Denn ein paar Gemüsesorten gibt es noch – sie werden durch Frost sogar besser: Rosenkohl, Porree (im Süden sagt man Lauch), Grünkohl. Wintersalate sind Rapunzelsalat (er heißt auch Feldsalat), Endiviensalat und Chicorée.

Und dann gibt es natürlich Wintergemüse aus dem Vorrat: Kohl, Sauerkraut, Essiggurken, Rote Beete, Möhren und Knollensellerie. Winterküche ist also ganz schön deftig.

Äpfel und Birnen bleiben in Kühlhäusern den ganzen Winter über frisch. Mit Mandarinchen beginnt die Zeit der Zitrusfrüchte. Und dann gibt es natürlich Bananen, Ananas und Feigen aus den warmen Ländern. Doch das Allerschönste im Winter ist die Weihnachtsbäckerei, wenn es im ganzen Haus himmlisch duftet ...

Zutaten für 1 Blech:

Für den Teig:
400 g Mehl
1 Tütchen Trockenhefe
1 TL Zucker
1/2 TL Salz
1/8 l lauwarmes Wasser
3 EL Olivenöl
Butter, Margarine oder Backpapier für das Backblech

Für den Belag:
1 Pck. passierte Tomaten (250 g)
1 gelbe Paprikaschote
1 dicke Scheibe gekochter Schinken
6–8 Champignons
1 EL Olivenöl
2 Kugeln Mozzarella

Bunte Engelspizza

Pizza ist die Luxusausgabe eines Brotfladens. Den haben schon vor über 1000 Jahren Menschen auf heißen Steinen gebacken – und tun es noch heute.
Schiebe deshalb die Pizza auf die unterste Schiene im Backofen. Wenn dein Blech hell ist, sogar direkt auf den Ofenboden. Dann schmeckt sie genau richtig!

So wirds gemacht:
Aus allen Teigzutaten mit den Knethaken des Rührgerätes einen geschmeidigen Teig kneten. Wenn er sich von der Schüssel löst, noch einmal gut mit der Hand durchkneten und zu einer Kugel formen.

In der abgedeckten Schüssel an einem warmen Ort gehen lassen, bis er sich zur doppelten Größe aufgeplustert hat. Das dauert ungefähr 30 Minuten.

Für den Belag die Paprikaschote waschen, putzen und in Würfel schneiden. Die Pilze säubern und in Scheiben schneiden. Schinken und den abgetropften Mozzarella würfeln.

Den Backofen auf 180 Grad vorheizen. Den Teig ausrollen und auf das gefettete oder mit Backpapier ausgelegte Backblech legen. Noch einmal abdecken und 15 Minuten gehen lassen.

Die passierten Tomaten auf dem Teig verstreichen und mit Salz und Pfeffer bestreuen.
Das Gemüse, die Schinken- und Mozzarellawürfel gleichmäßig auf der Pizza verteilen.

In den heißen Ofen ganz nach unten schieben und 20 Minuten backen.

Tipp

Du kannst die Pizza auch ganz anders belegen: vegetarisch oder mit Wienerle, mit Butterkäse oder mit Salami. Wichtig ist immer der Teig, die Tomatensauce und ein Käse obendrauf. Wenn du willst, kannst du aus dem Teig auch Brötchen backen.

Trockenhefe

Auf Seite 11 backst du einen Hefeteig mit frischer Hefe. Aber es gibt auch Trockenhefe, die du gleich mit dem Mehl mischen kannst. Sie ist für fettarme Teige gut geeignet. Du behandelst sie im Übrigen so wie alle anderen Hefeteige auch: sehr sanft und mit Wärme.

Musikantentrunk

Heiße Schokolade baut nicht nur kleine Sänger auf. Weißt du eigentlich, wie die gekocht wird? Hier ist Wichtels Geheimrezept.

Das brauchst du für 4 Portionen:

1/8 l Wasser
2 TL Kakaopulver
1 Riegel Vollmilch-Schokolade
2 EL Zucker (nach Geschmack)
1/2 l Milch
4 EL Schlagsahne
Schokoraspeln zum Garnieren

So wirds gemacht:
Das Wasser in einem Topf mit dem Kakao, der Schokolade und dem Zucker verrühren und erhitzen.

Wenn sich alles völlig gelöst hat, die Milch dazugeben und erhitzen.

Die heiße Schokolade auf vier Tassen verteilen und mit der geschlagenen Sahne und den Schokoraspeln garnieren.

Einfacher: Du kannst natürlich auch Sprühsahne aus der Dose nehmen.

Schokolade macht munter

Als die Schokolade von Mexiko nach Spanien kam, wurde sie erst einmal verboten. Sie galt als großer Luxus und ein bisschen unmoralisch. Dadurch wurde sie große Mode an Königshöfen. Erst vor ein paar Jahrzehnten wurde sie für Kinder erlaubt. Und heute ist sie das absolute Lieblingsgetränk!

Rotkäppchens Bratäpfel

Wer hätte das gedacht? Rötkäppchen ist auch im Winter unterwegs. Und gibt von ihren Äpfelchen eines ab. Nimm dir ein Beispiel daran!

Das brauchst du für 4 Portionen:

4 Boskop-Äpfel
2 EL Haferflocken
2 EL gehackte Nüsse
2 EL Rosinen
3 EL rotes Johannisbeergelee

So wirds gemacht:
Die Äpfel waschen, das Kerngehäuse mit einem Apfel-Ausstecher großzügig ausstanzen. Inzwischen den Backofen auf 180 Grad vorheizen.

Haferflocken mit Nüssen, Rosinen und Gelee verrühren, in die Äpfel füllen.

Äpfel in eine feuerfeste Form setzen und bei 180 Grad etwa 25 Minuten braten.

Vanillesauce

Das brauchst du für 4 Portionen:
1 EL Speisestärke
400 ml Milch
2 Pck. Vanillezucker
1 EL Zucker (oder insgesamt 3–4 EL selbst gemachter Vanillezucker)
100 ml süße Sahne

Die Stärke mit 3–4 EL Milch anrühren, bis sie ganz glatt ist.

Die übrige Milch mit dem Zucker zum Kochen bringen. Wenn sie kocht, die Stärke unter ständigem Rühren mit dem Schneebesen einrühren. 2 Minuten kochen, dann vom Herd nehmen. Dünn mit Zucker bestreuen, damit sich keine Haut bildet. Kalt stellen.

Die Sahne steif schlagen, unter die kalte Sauce ziehen.

Tipp

Wenn du wenig Zeit hast, kannst du eine schnelle Vanillesauce zaubern: Verdünne Vanillepudding aus dem Kühlregal mit kalter Milch. Dann noch ein Schuss Sahne dazu – fertig!

Hast du gekochte Kartoffeln übrig? Das ist prima, denn daraus kannst du ganz einfach und schnell eine Delikatesse zaubern: Bratkartoffeln. In diesem Rezept werden sie mit Speckwürfelchen und Sonnenblumenkernen knusprig gebraten. Mmmmh, das schmeckt!

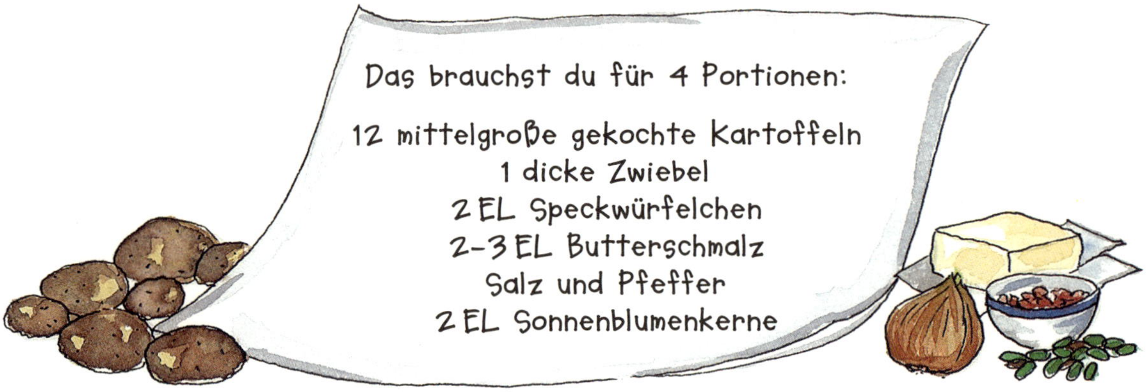

Das brauchst du für 4 Portionen:

12 mittelgroße gekochte Kartoffeln
1 dicke Zwiebel
2 EL Speckwürfelchen
2–3 EL Butterschmalz
Salz und Pfeffer
2 EL Sonnenblumenkerne

Blaumeischens Knusperkartoffeln

So wirds gemacht:
Die Kartoffeln – am besten welche vom Vortag – pellen und in Scheiben schneiden. Die Zwiebel auch pellen, halbieren und in feine Würfelchen hacken.

Die Speckwürfel mit dem Butterschmalz in einer Pfanne erhitzen, bis das Fett glasig wird. Dann die Sonnenblumenkerne zugeben und kurz anbraten.

Die Kartoffelscheiben hineingeben und braten. Evtl. noch etwas Butterschmalz zugeben und mit Salz und Pfeffer würzen. Den Herd herunterschalten und die Kartoffeln immer wieder umwenden, bis sie schön knusprig braun sind.

Dazu schmecken Spiegeleier oder Rühreier. Wie du die machst?
Du brauchst eine beschichtete Pfanne, einen Teelöffel Butter und milde Hitze.

Spiegelei

Das brauchst du für 1 Spiegelei:

1 Ei
1 Stich Butter
Salz, Pfeffer

Für ein Spiegelei schlägst du ein Ei am Pfannenrand auf und lässt es in die heiße Butter gleiten. Wenn du kein flüssiges Eigelb magst, stichst du es mit der Eierschale an – dann zerläuft es. Salzen und pfeffern, braten, bis das Eiweiß wirklich fest und weiß ist – fertig.

Rührei

Das brauchst du für 1 Portion:

1 Ei
3–4 EL Milch
Salz, Muskat, Pfeffer

Fürs Rührei gibst du auf 1 Ei 3–4 EL Milch, etwas Salz, Muskat und Pfeffer in einen Schüttelbecher und schüttelst es kurz (Vorsicht – Deckel festhalten!). Den Eiermix gießt du ins heiße Fett. Nun schiebst du ab und zu das gebackene Ei vom Pfannenboden, bis alles Ei gestockt, also fast fest ist. Noch ein bisschen saftig sollte es allerdings sein.

Natürlich kannst du noch Petersilie, Schnittlauch, Schinken oder Reibekäse zum Rührei geben – was du am liebsten magst.

Das brauchst du für 4 Portionen:

1 kleine Zwiebel
1 Knoblauchzehe
250 g Hackfleisch halb und halb
1 EL Olivenöl
1 Pck. passierte Tomaten (500 g)
Salz und Pfeffer
1/2 TL getrocknete italienische Kräuter
400 g Spaghetti
2–3 EL süße Sahne

Kuckucks-Spaghetti mit Bolognese

Der kleine Kuckuck liebt Spaghetti – und Kinder auch.
Einfach mit Butter, mit Olivenöl und Käse oder mit Sauce Bolognese.
Dazu brauchst du natürlich vor allem eine Riesenserviette!

So wirds gemacht:
Die Zwiebel und den Knoblauch schälen und fein würfeln. Das Öl erhitzen, Zwiebeln und Knoblauch darin kurz andünsten, dann das Hackfleisch zugeben. Mit Salz und Pfeffer würzen und unter ständigem Rühren so lange braten, bis das Fleisch schön braun ist. Dabei immer wieder die Klümpchen zu Krümeln zerkleinern.

Fleisch mit den passierten Tomaten ablöschen. Mit den italienischen Kräutern würzen und 10 Min. köcheln lassen. Vorsicht – rote Spritzer!

Für die Nudeln in der Zwischenzeit 4 Liter Wasser zum Kochen bringen. 4 TL Salz und 1 EL Olivenöl zufügen.

Die Spaghetti zugeben und etwa 10 Minuten kochen. Dann in ein Sieb abgießen und mit heißem Wasser abschrecken, gut abtropfen lassen.

Die Sauce mit Salz und der Sahne abschmecken und zu den Nudeln servieren. Dazu schmeckt natürlich Parmesan!

Spaghetti-1 x 1

Brich die Spaghetti nie durch: Erst das Schlängeln macht ja den Spaß beim Essen.

Nimm Spaghetti aus Hartweizen ohne Ei – die geraten am besten.

Rechne pro 100 g Spaghetti 1 l Kochwasser, 1 TL Salz und 1 Schuss Öl.

Gib die Spaghetti ins kochende Wasser und lege den Deckel beim Kochen nur halb auf – das Wasser muss weiterkochen.

Lass dir beim Abgießen helfen – der Topf ist zu schwer. Das Sieb dazu in die Spüle stellen.

Übergieße die Spaghetti nach dem Abgießen mit heißem Wasser – mit kaltem werden sie nämlich auch kalt.

Stehen die Spaghetti länger, kleben sie. Dagegen hilft ein Schuss heißes Wasser!

Morgens früh um sechse kommt die kleine Hexe,
morgens früh um sieben schabt sie Gelbe Rüben,
morgens früh um acht wird Kaffee gemacht,
morgens früh um neune geht sie in die Scheune,
morgens früh um zehne holt sie Holz und Späne;
feuert an um elfe, kocht dann bis um zwölfe:
Fröschebein und Krebs und Fisch, hurtig, Kinder, kommt zu Tisch!

Für eine Guglhupfform mit 2 l Inhalt brauchst du:

180 g Butter
150 g Zucker
1 Pck. Vanillezucker
4 Eier
300 g Mehl
1 Pck. Backpulver
60 ml sprudelndes Mineralwasser
1 gehäufter EL Kakaopulver
50 g Raspelschokolade
50 g gemahlene Mandeln
2–3 EL Milch
Butter und Semmelbrösel für die Form

Bärenstarker Marmor-Guglhupf

Im Norden heißt der Guglhupf Napfkuchen. Wenn du nicht die richtige Form hast, kannst du den Teig auch in einer Kastenkuchenform backen.

So wirds gemacht:
Den Backofen auf 200 Grad vorheizen, eine Gugelhupfform gut einfetten und mit Semmelbröseln ausstreuen.

Die weiche Butter, den Zucker und Vanillezucker schaumig rühren. Die Eier einzeln unterrühren. Das Mehl und das Backpulver vermischen und zusammen mit dem Mineralwasser zur Eiermasse rühren.

Den Teig teilen und in eine Hälfte den Kakao, die Schokoraspeln und die gemahlenen Mandeln einrühren. Eventuell noch 2–3 EL Milch zufügen.

Den hellen Teig in die Form füllen und den dunklen darauf verteilen. Mit der Gabel spiralförmig durch die Teigmasse fahren, damit später der Marmorierungseffekt sichtbar wird.

Den Kuchen im heißen Backofen 60 Minuten backen.

Die Garprobe

Woher weißt du eigentlich genau, wann ein Kuchen fertig ist? Du stichst mit einem langen Holzstäbchen – ein Schaschlikstäbchen funktioniert prima – mitten in den Kuchen, bis du unten an der Form anstößt. Dann ziehst du es wieder raus und schaust und fühlst mit den Fingern nach, ob Teig daran klebt. Wenn ja, musst du den Kuchen noch 10 Minuten weiterbacken, bevor du den Test wiederholst. Ist die Kruste schon braun, kannst du ein Stück Backpapier locker darüber legen. Am Anfang ist es ganz praktisch, wenn dir ein »Backprofi« hilft, aber bald beherrschst du den Trick alleine.

Engelsöhrchen

Mit diesem Rezept kannst du blitzartig sehr leckere, knusprige Kekse zaubern. Sie schmecken nicht nur zu Weihnachten, sondern als »Schweineöhrchen« das ganze Jahr über.

Das brauchst du für ca. 60 Öhrchen:

1 Pck. Tiefkühl-Blätterteig (300 g)
Zucker für die Arbeitsfläche
1–2 EL selbst gemachter Vanillezucker oder Zimtzucker pro Teigplatte
Backpapier für das Blech

So wirds gemacht: Den Backofen auf 200 Grad vorheizen. Die einzelnen Blätterteigplatten auf der mit Zucker bestreuten Arbeitsfläche ausbreiten und auftauen lassen.

Jede Platte mit Wasser bepinseln und mit je 1–2 EL Zimt- oder Vanillezucker bestreuen.

Jeweils eine Breitseite bis zur Mitte hin eng einrollen, dann die andere Seite dagegenrollen. Die Doppelrolle in 1 cm breite Scheiben schneiden.

Ein Backblech mit Backpapier auslegen, die Öhrchen darauf legen und etwas flach drücken.

Im heißen Ofen in 10–15 Minuten kross backen.

Tipp

Du kannst für dieses Rezept auch den einfachen Quark-Blitzblätterteig aus dem Hörnchenrezept auf Seite 32 verwenden.

Himmelswölkchen

In der Engelsküche geht es hoch her, damit bis Weihnachten alle Plätzchen fertig sind. Du kannst den Engelchen helfen und deine eigenen Plätzchen backen. Damit machst du deiner Familie und deinen Freunden sicher eine Freude!

Das brauchst du für 1 Backblech:

100 g kernige Haferflocken
100 g weiße Schokolade
4 Eiweiß
1 TL Zitronensaft
250 g Zucker
100 g Kokosflocken
Backpapier fürs Blech
Zuckerperlchen für die Garnitur

So wirds gemacht:
Die Haferflocken in einer Pfanne ohne Fett rösten, bis sie hellbraun sind. Dann in ein anderes Gefäß umfüllen, damit sie nicht verbrennen.

Die weiße Schokolade fein reiben und den Backofen auf 130 Grad vorheizen. Die Bleche mit Backpapier auslegen.

Die Eiweiße zu sehr steifem Schnee schlagen, dabei den Zitronensaft unterrühren. Unter weiterem Rühren den Zucker einrieseln lassen und so lange weiterschlagen, bis eine matt glänzende, glatte Masse entsteht. Dann die Kokosflocken, Haferflocken und die Schokolade unterheben.

Mit einem Teelöffel Teighäufchen auf die Backbleche setzen und mit Zuckerperlchen bestreuen.

Die Himmelswölkchen im Backofen auf der mittleren Schiene in etwa 40 Min. mehr trocknen als backen. Dabei die Ofentüre mit einem Kochlöffel einen Spalt offen halten. Die Wölckchen über Nacht trocknen lassen und dann in einer Dose verpacken.

Baisers

Baisers und Makronen sind eine tolle Eiweißverwertung, wenn du für ein Rezept nur Eigelb gebraucht hast.

Das brauchst du für 1 1/2 Bleche:

150 g Butter
150 g Zucker
3 Eigelb
250 g Mehl
100 g sehr fein geriebene Haselnüsse
1 Prise Salz
1 Prise Zimt
Backpapier für das Blech
Johannisbeergelee

Sternbusserl

In der Engelsbackschule sind die Sternbusserl heiß begehrt. Schließlich können auch die ganz kleinen Engelchen sie backen! Bei diesem Rezept behältst du Eiweiß übrig. Das kannst du für die Wölkchen (Seite 79) nehmen!

So wirds gemacht:
Das Backblech mit Backpapier auslegen.

Die Butter mit dem Zucker schaumig rühren. Dann die Eigelbe unterrühren. Zum Schluss das Mehl und die Nüsse einrühren, Salz zugeben.

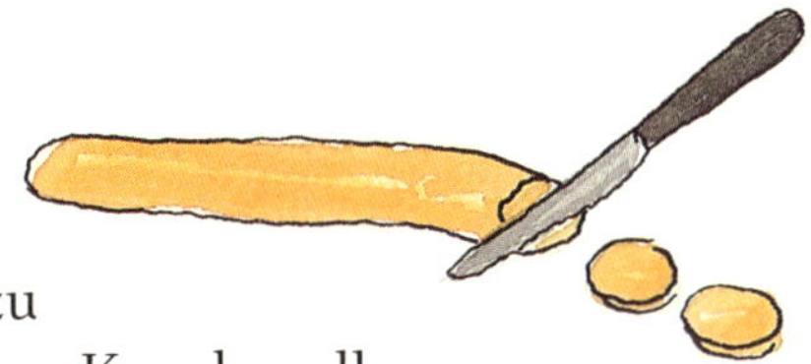

Den Teig zu langen Rollen formen. Kleine Stückchen davon abschneiden, zu kleinen, walnussgroßen Kugeln rollen.

Die Kugeln auf das Blech setzen. Mit dem Stiel des Kochlöffels in die Mitte eine Vertiefung drücken.

Am besten das Blech noch eine Viertelstunde kalt stellen (draußen ist es jetzt kalt genug). Inzwischen den Backofen auf 180 Grad vorheizen. Die Sternbusserl etwa 15 Minuten lang backen.

In die noch warmen Busserl mit einem kleinen Löffel einen Klecks Gelee setzen.
Abkühlen lassen.

Tipp

Du kannst vor dem Backen in die Kugelmitte eine Haselnuss drücken. Dann hast du Nussbusserl.

Zimt

Um Zimt zu gewinnen, schält man die Rinde von den Ästen des Zimtbaumes, der aus Sri Lanka kommt. Die Rinde rollt sich in der Sonne zu Stangen. Für manche Gerichte, wie z. B. Kompott oder Saucen, werden diese Zimtstangen verwendet. Man fischt sie vor dem Essen genau wie die Vanillestangen aus der Sauce. Ganz fein vermahlene Zimtrinde ist Zimtpulver. Schnupper mal dran: Riecht es nicht nach Weihnachten?

Das brauchst du für ca. 30 Brezeln:

200 g Mehl
100 g Zucker
100 g Butter
1 Prise Salz
1 Pck. Vanillezucker
1 Ei
2 EL Kakao
evtl. etwas Milch

Schokobrezeln

Die süßen Schokobrezeln haben mit den sonst üblichen Laugenbrezeln außer der Form nichts gemeinsam. Am Anfang denkst du sicher, dass du dir beim Brezelnschlingen die Finger verknoten wirst, aber es ist kinderleicht und bald bist du ein blitzschneller Brezelbäcker!

So wirds gemacht:
Alle Zutaten zu einem geschmeidigen Teig verkneten. Falls notwendig, einige Tropfen Milch dazugeben.

Den Teig in Frischhaltefolie einwickeln und etwa 2 Stunden kühl stellen.

Den Backofen auf 180 Grad vorheizen. Die Backbleche mit Backpapier auslegen.

Von dem Teig walnussgroße Stücke abteilen und zu etwa 20 cm langen, dünnen Schlangen ausrollen. Die Teigstränge zu Brezeln schlingen und auf das Backblech legen.

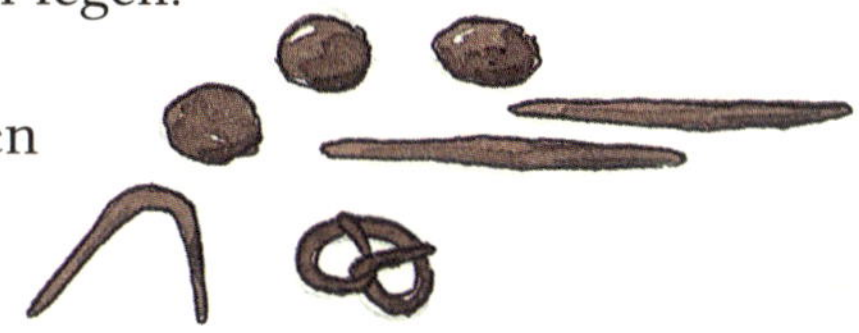

Die Brezeln im heißen Backofen etwa 15 Minuten backen.

Die Kostprobe

Das Englein bäckt noch nicht sehr lang
und deshalb ist ihm schrecklich bang,
dass seine Weihnachtsbäckerei
am Ende nicht geraten sei.
Drum kostet jetzt das Schwesterlein,
und weil es immer wieder nimmt,
bis alles aufgegessen ist,
weiß nun das Englein ganz bestimmt,
es muss ihm doch gelungen sein.

Schwarzweiß

Du kannst auch die Hälfte Teig ohne Kakaopulver kneten – sie ist dann hell. Es sieht hübsch aus, wenn du aus dem weißen und dem dunklen Teig gleich lange Teigschlangen rollst und sie wie eine Kordel verzwirbelst. Davon schneidest du dann 5 cm lange Stücke ab und backst sie wie die Brezeln. Bastelkünstler können auch Schnecken rollen.

Das brauchst du für 2 Backbleche:

350 g Mehl
100 g Zucker
2 Pck. Vanillezucker
150 g Butter
1 TL Backpulver
2–3 EL Crème fraîche
1 Eigelb zum Bestreichen
Zum Verzieren:
150 g Puderzucker
1–2 EL Zitronensaft
Liebesperlen, Mandel- und Pistaziensplitter
Mohn, Nüsse, Schokoraspeln

Süßer Christbaumschmuck

Früher war es viel üblicher als heute, süße Plätzchen und Zuckerkringel an den Weihnachtsbaum zu hängen. Du kannst die Kekse vor dem Backen mit Ei bestreichen und verzieren oder nachher mit Zuckerguss einpinseln und dann erst dekorieren. Das Loch für den Aufhänger nicht vergessen!

So wirds gemacht:
Den Backofen auf 180 Grad vorheizen und das Backblech einfetten oder mit Backpapier auslegen.

Mehl, Zucker, Vanillezucker, Backpulver und die klein geschnittene Butter in eine Schüssel geben.

Crème fraîche zufügen und den Teig mit den Händen verkneten. Wenn nötig, noch etwas Wasser zugeben.

Den Teig auf der bemehlten Arbeitsfläche mit einem Nudelholz etwa 1/2 cm dick ausrollen. Mit Ausstechern verschiedene Motive ausstechen und auf das Backblech legen.

Für die Aufhängung Holzspießchen in kleine Stücke brechen, in die Kekse stecken und mitbacken.

Das Eigelb mit 1 Löffel Wasser verrühren und die Kekse damit bestreichen, nach Geschmack verzieren (sollen sie mit Zuckerguss überzogen werden, weder dekorieren noch mit Ei bestreichen).

Im vorgeheizten Backofen etwa 15 Minuten backen, die Spießchen herausziehen und die Kekse auskühlen lassen.

Wenn sie erst jetzt verziert werden sollen, den Puderzucker sieben und mit dem Zitronensaft zu einem zähflüssigen Guss verrühren. Den Christbaumschmuck damit bepinseln und mit Liebesperlen, Mandelsplitter u. Ä. bestreuen.

Bunter Zuckerguss

Du kannst den Zuckerguss mit natürlichen Farben färben. Für rosa Guss rührst du ihn mit Saft aus dem Rote-Beete-Glas oder Kirschsaft an. Hellgrün wird der Guss mit Spinatsaft: Tau ein bisschen gefrorenen gehackten Spinat ohne Blubb auf und presse ihn aus. Gelben Guss bekommst du, wenn du etwas Gelbwurzpulver (das heißt auch Kurkuma) oder eine Prise Safranpulver in heißen Zitronensaft gibst. Hellblau wird der Guss mit Heidelbeer- oder Holundersaft, violett mit schwarzem Johannisbeersaft, orange mit Möhrensaft.

Ida Bohatta

Ida Bohatta ist seit Generationen eine der am meisten gelesenen Kinderbuch-Illustratorinnen und -Autorinnen im deutschsprachigen Raum. Ungebrochen ist auch heute noch ihre Beliebtheit bei kleinen und großen Leserinnen und Lesern, wie die stete Nachfrage nach ihren über siebzig Büchlein Jahr für Jahr beweist. Zu Unrecht gehört »die Bohatta« zu jener Schar der KinderbuchmacherInnen, über die sich jede Illustrationsgeschichte ausschweigt, deren Geschichten aber über alle Stile und Zeiten hinweg nicht nur Auflage um Auflage erleben, sondern bisher auch in viele Sprachen übersetzt wurden – sogar ins Japanische. Am 15. April 1900 wurde Ida Bohatta in Wien geboren. Nach ersten Erfolgen mit Kinderbuchillustrationen entstand im Jahr 1927 die Verbindung zum Verlag Ars sacra, heute: arsEdition. Der Verleger Josef Müller gab Ida Bohatta damals den ersten Auftrag für Bild- und Postkartenserien. Zwei Jahre später erschienen ihre ersten Bilderbücher mit acht bis zwölf Farbillustrationen und Texten der Künstlerin in dem kleinen und ansprechenden »Bohatta-Format«. Damit begann eine fruchtbare Zusammenarbeit, die bis zum Tode der Künstlerin am 14. November 1992 dauerte und Ida Bohatta zu einer »Klassikerin« des Kinderbuches machte.

Dr. Andreas Bode, Bibliothekarischer Leiter der Internationalen Jugendbibliothek in München, schrieb damals in einem Artikel: »Ihre Idyllen würde man falsch verstehen, wollte man in ihnen die Vorspiegelung einer heilen Welt kritisieren. Sie beschwören vielmehr eine Harmonie zwischen Glaube und Leben, Tier, Natur und Mensch, welche die Künstlerin mit der ganzen Kraft ihrer intensiven Religiosität herbeisehnte.«

Dagmar von Cramm

Dagmar von Cramm ist eine der bekanntesten Kochbuch-Autorinnen und Food-Journalistinnen Deutschlands. Dass vor allem junge Eltern sie kennen und schätzen, liegt an ihren zahlreichen Veröffentlichungen rund ums Thema Kochen für und mit Kindern. Ihr Buch Kochen für Babys gilt heute bereits als Klassiker der Kochbuchliteratur. Die studierte Ökotrophologin stand als Mutter selbst so oft vor der Frage »Was soll ich bloß kochen?«, dass sie sich als Food-Journalistin des Themas engagiert annahm und ihr ernährungswissenschaftliches Know-how mit ihrer Erfahrung als Mutter und ihrer Fantasie als Köchin verband. Auch heute noch sind ihre drei Kinder und ihr Ehemann Testesser in der Versuchsküche.

Kochen für Kinder ist allerdings nur ein Spezialgebiet der vielseitigen, mehrfach preisgekrönten Autorin. Über 40 Titel und zahlreiche Spezialhefte zu den unterschiedlichsten Themen wie vegetarisches Kochen, Festmenüs, Vollwertkost, Lady Fitness, und vieles mehr kamen bisher zur Veröffentlichung. Seit einiger Zeit steht Dagmar von Cramm als Fachfrau für Lebensmittelkunde beim ARD-Frühstücksbuffet auch regelmäßig vor der Fernsehkamera.

Mit Ida Bohatta verbinden die Kochbuchautorin viele schöne Kindheitserinnerungen. Einem Buchprojekt, das ihre Kreativität im kulinarischen Bereich mit dem künstlerischen Schaffen Ida Bohattas verbindet, stimmte sie deshalb sofort begeistert zu. Es war für sie ein Leichtes, sich in die reiche Bilderwelt Ida Bohattas hineinzuversetzen. So entstanden Rezepte, die den sympathischen Bohatta-Figuren genauso gerecht werden wie den Kindern und Eltern von heute.

Ida Bohatta

Ostern mit Ida Bohatta

»Der Korb ist so schwer, das Herz so leicht, die Ohren freudig aufgestellt.«

Wer möchte nicht einem so vergnügten Osterhasen begegnen?

In diesem sorgfältig ausgestatteten Sammelband finden sich Ida Bohattas schönste Frühlings- und Ostergeschichten.

96 S. / 22 x 28 cm / cell. Pp.

ISBN 3-7607-**1229-0**

Ida Bohatta

Das große Ida Bohatta Liederbuch

Singen, musizieren, tanzen und jede Menge Spaß. Eine Vielzahl der beliebtesten Kinderlieder haben wir für diesen sorgfältig ausgestatteten Band zusammengestellt – natürlich mit Noten, Gitarrengriffen und allen Strophen. Ida Bohatta macht dieses Liederbuch mit ihren schönsten Bildern zu einem echten Klassiker.

96 S. / 22 x 28 cm / cell. Pp.

ISBN 3-7607-**1230-4**

Ida-Bohatta-Malbücher

Das große Ida-Bohatta-Malbuch

Die schönsten Motive der erfolgreichen Ida-Bohatta-Malbücher in einem Band. Ganze 80 Seiten hat dieses »dicke« Malbuch, auf denen Kinder ab 3 Jahren mit Buntstiften, Filzstiften und Wachsmalstiften aktiv werden können.
Das erfreut kleine Bohatta-Fans… und große ebenso.
80 S. / 21 x 21 cm / Broschur
ISBN 3-7607-5551-8

Oster-Malbücher

ISBN 3-7607-5422-8

ISBN 3-7607-5421-X

ISBN 3-7607-5423-6

ISBN 3-7607-5420-1

Tier-Malbücher

ISBN 3-7607-5465-1

ISBN 3-7607-5466-X

ISBN 3-7607-5468-6

ISBN 3-7607-5467-8

Weihnachts-Malbücher

ISBN 3-7607-5440-6

ISBN 3-7607-5439-2

ISBN 3-7607-5438-4

ISBN 3-7607-5441-4

Pro Titel 16 S. / 15,3 x 17,5 cm / Heft